PRINCIPES

SUR

LA FIDELITÉ

DUE AUX ROIS.

PRINCIPES

SUR

LA FIDÉLITÉ

DUE AUX ROIS,

EXTRAITS de M. BOSSUET Évêque de Meaux, dans sa Politique tirée de l'Écriture Sainte, dédiés & présentés au Roi,

PAR M. l'Abbé DE VILLIERS, Prêtre & Avocat en Parlement.

SECONDE ÉDITION.

Subjecti estote, sive Regi quasi præcellenti, sive Ducibus tanquam ab eo missis. 1. Petr. 2. ⅴ. 13. & 14.

A PARIS,

De l'Imprimerie de D'HOURY, Imp.-Lib. de Mgr. le DUC D'ORLÉANS, rue de la Vieille-Bouclerie.

M. DCC. LXXVI.

Avec Approbation & Permission du Roi.

AU ROI.*

SIRE,

QUOIQUE le seul titre de cet ouvrage annonce, qu'il ne peut être dédié plus à propos qu'à

---

* Présenté à S. M. Louis XV. le premier Mai 1771.

VOTRE MAJESTÉ; jamais cependant je n'aurois ofé m'approcher de votre trône pour le lui préfenter, fi cette bonté qui vous eft fi naturele, ne m'eût un peu raffuré, en daignant me le permettre. J'ofe l'offrir encore avec d'autant plus de confiance à *VOTRE MAJESTÉ*, qu'il n'eft compofé que des paroles mêmes d'un des plus grands & plus favans Evêques de l'Eglife Gallicane, qui nous retrace de la maniere la plus parfaite, les principes fondamentaux fur lefquels font appuïés, cette inviolable Fidélité & cet amour fi ancien pour fon Roi, qui caractérifent particulierement le François. Sentimens que toute la France n'a fait que renouveller, en fe glorifiant de donner avec tant de joie à *VOTRE MAJESTÉ* depuis nombre d'années, le titre de BIEN AIMÉ.

J'ai l'honeur d'être avec le plus profond respect, & la plus parfaite soumission,

SIRE,

DE *VOTRE MAJESTÉ*

Le très-humble, très-obéissant, & très-fidel sujet & serviteur DE VILLIERS, Prêtre.

Le 2 Mai 1771 il a eu l'honeur de présenter cet Ouvrage à Monseigneur le Dauphin, maintenant S. M. Louis XVI. & à la Famille Royale.

Lettre de la part de N. S. P. le Pape Clément XIV. à M. l'Abbé de Villiers.

Ill.mo Sig.re

HA gradito N.ro Sig.re il libro, che per mio mezzo ha avuta V. S. ill.ma la rispettosa attentione di presentargli; e non dubita punto la S.tà sua di non trovare il di lei interessantissimo lavoro degno in tutte le sue parti del maggior applauso. Su tale fiducia m'ingiunge il S. P.re di compartirle in suo Pontificio nome l'apostolica Benedizione; ed io esiguisco il sovrano comando con quel piacere, che corrisponde alla piena stima, che ho del di lei merito, e colla quale sempre più mi protesto

D. V. S. Ill.ma

Roma 19 Giugno 1771.

Aff.mo per serla
Il Car.le Pallavicini.

Sig.re Abbate de VILLIERS, Parigi.

Traduction de la Lettre ci à côté.

MONSIEUR,

NOTRE saint Pere a agréé le livre que vous avez eu la respectueuse attention de lui présenter par mes mains ; & Sa Sainteté ne doute nullement qu'elle n'y trouve un travail très intéressant, & digne en toutes ses parties du plus grand applaudissement. C'est dans cette confiance que le saint Pere m'enjoint de vous donner en son nom de Pontife sa bénédiction Apostolique. J'execute l'ordre qu'il me donne avec d'autant plus de satisfaction, qu'il repond à la parfaite estime que j'ai de votre mérite, & avec laquelle je proteste d'être toujours,

MONSIEUR,

De Rome le   Votre très-affectionné serviteur,
19 Juin 1771.   signé le Card. PALLAVICINI,

A Monsieur l'Abbé
de Villiers, à Paris.

b

AVERTISSEMENT.

L'ÉDITION dont on s'est servi pour le présent Ouvrage est celle de 1744, in 4°. septième volume, page 291 & suiv. Pour trouver également dans quelque édition que ce soit, les passages dont il est composé, j'ai mis ici en marge le *livre*, *l'article*, & la *proposition* de cette admirable & saine Politique, où l'on pourra recourir pour vérifier ce que j'ai extrait de convenable à mon objet. Quant à la division par chapitres & par articles que l'on remarquera de plus ici ; elle n'y est ajoutée que pour don-

ner plus d'ordre au préfent extrait.

Ecoutons donc maintenant
le grand Boſſuet, Evêque de
Meaux, ce Tertullien François,
cet autre Apologiſte de la Religion Chrétiene.

PRINCIPES

PRINCIPES

SUR LA FIDÉLITÉ

DUE AUX ROIS.

CHAPITRE PREMIER,

Toute Puissance vient de Dieu.

ARTICLE PREMIER,

Dieu est le vrai Roi.

UN grand Roi le reconnoît, c'est David lorsqu'il parle ainsi en présence de tout son Peuple : » beni soyez- » vous, ô Seigneur ! Dieu d'Israël, » notre Père, de toute éternité &

A

» durant toute l'éternité. A vous,
» Seigneur, appartient la majesté,
» la puissance, la gloire, la vic-
» toire & la louange : tout ce qui
» est dans le Ciel & dans la terre est
» à vous : il vous appartient de ré-
» gner, & vous commandez à tous
» les Princes : les grandeurs & les
» richesses sont à vous; vous domi-
» nez sur toutes choses : en votre
» main est la force & la puissance, la
» grandeur & l'empire souverain. 1.
» *Paral.* 29, 10 & 12.

Cet empire absolu de Dieu a pour
premier titre & pour fondement la
création. Il a tout tiré du néant, c'est
pourquoi tout est en sa main.

Art. 2.

L. 3. *Dieu établit les Rois & regne par eux*
Art. 2.
1. Pro.   *sur les Peuples.*

» Le Prince, dit saint Paul, est
» Ministre de Dieu pour le bien : si
» vous faites mal tremblez, car ce
» n'est pas envain qu'il a le glaive :
» & il est ministre de Dieu, vengeur

» des mauvaises actions. *Rom.* 13.
» 1. *&c.*

Les Princes agissent donc comme
Ministres de Dieu & ses Lieutenans
sur la terre. C'est par eux qu'il exerce
son empire. C'est pour cela que le
trône royal n'est pas le trône d'un
homme, mais le trône de Dieu même.
« Dieu a choisi mon fils Salomon,
» dit David, pour le placer dans le
» trône où regne le Seigneur sur
» Israël. 1. *Paral.* 28. 5.

Et afin qu'on ne croye pas qu'il soit
particulier aux Israëlites d'avoir des
Rois établis de Dieu ; voici ce que
dit l'Ecclésiastique. » Dieu donne à
» chaque Peuple son Gouverneur, &
» Israël lui est manifestement réservé.
» *Eccli.* 17. 14. & 15.

ART. 3.

Obéïr au Prince par principe de Religion
& de conscience.

L. 3.
Art. 3.
3. Pro.

SAINT Paul après avoir dit que le
Prince est le Ministre de Dieu, conclut
ainsi. « Il est donc nécessaire que vous

A ij

» lui foyez foumis non-feulement par
» la crainte de fa colere, mais encore
» par l'obligation de votre confcience.
» *Rom.* 13. 5.

Et encore : » Serviteur obéiffez en
» toutes chofes à vos Maîtres tempo-
» rels, ne les fervant point à l'œil,
» comme pour plaire à des hommes,
» mais en fimplicité de cœur, & dans
» la crainte de Dieu. Faites de bon
» cœur ce que vous faites, comme fer-
» vant Dieu & non pas les hommes,
» affurés de recevoir de Dieu même
» la récompenfe de vos fervices.
» *Colof.* 3. 22. &c.

Si l'Apôtre parle ainfi de la fervi-
tude , état contre la nature ; que
devons-nous penfer de la fujétion
légitime aux Princes & aux Magiftrats protecteurs de la liberté publique ?

C'eft pourquoi faint Pierre dit :
» Soyez donc foumis pour l'amour de
» Dieu à l'ordre qui eft établi parmi
» les hommes, foyez foumis au Roi
» comme à celui qui a la puiffance
» fuprême : & à ceux à qui il donne
» fon autorité, comme étant envoyés
» de lui pour la louange des bonnes

» actions & la punition des mau-
» vaifes. 1. *Pier.* 2. 13. & 14.

Il y a donc quelque chofe de religieux dans le refpect qu'on rend au
Prince. Le fervice de Dieu & le refpect pour les Rois font chofes unies ;
faint Pierre met enfemble ces deux
devoirs : » craignez Dieu, honorez le
» Roi. » 1. *Pier.* 2. 17.

Auffi Dieu a-t-il mis dans les Princes quelque chofe de divin. » J'ai dit :
» vous êtes des Dieux & vous êtes
» tous enfans du très-Haut. » C'eft
Dieu même que David fait parler
ainfi. *Pfeau.* 81. 6.

Il faut écouter ici les premiers
Chrétiens & Tertullien qui parle ainfi
au nom d'eux tous. » Que dirai-je de
» notre Religion & de notre piété pour
» l'Empereur, que nous devons ref-
» pecter comme celui que notre Dieu
» a choifi ? Enforte que je puis dire
» que Céfar eft plus à nous qu'à vous
» (Payens) parce que c'eft notre Dieu
» qui l'a établi. *Tertul. Apol.*

C'eft donc l'efprit du Chriftianifme
de faire refpecter les Rois avec une
efpèce de Religion, que le même
Tertullien appelle très-bien » la

A iij

» religion de la seconde Majesté. »
Apol.

Cette seconde Majesté n'est qu'un écoulement de la premiere, c'est à-d're, de la divine qui pour le bien des choses humaines, a voulu faire rejaillir quelque partie de son éclat sur les Rois.

Art. 4.

A L. L. 2. Pio. *Jesus - Chrift établit par sa doctrine l'amour des Citoyens pour leur Patrie.*

Il fut pendant sa vie & à sa mort exact obfervateur des loix & des coutumes louables de son païs, même de celles dont il savoit qu'il étoit le plus exempt.

Il étoit soumis en tout à l'ordre public, fesant » rendre à César ce qui » est à César & à Dieu ce qui est à » Dieu. » *Math.* 22. 21.

Jamais il n'entreprit rien sur l'autorité des Magiftrats. » Un de la troupe » lui dit; Maître, commandez à mon » frère qu'il fasse partage avec moi: » homme, lui répondit-il, qui m'a

„ établi pour être votre Juge , & pour
„ faire vos partages? *Luc.* 12. 13.

Au reste , la toute puissance qu'il
avoit en main , ne l'empêcha pas de
se laisser prendre sans résistance. Il reprit saint Pierre qui avoit donné un
coup d'épée , & rétablit le mal que cet
Apôtre avoit fait.

Ainsi il fut fidel & affectionné jusqu'à la fin à sa Patrie quoiqu'ingrate.

ART. 5.

Les Apôtres & les premiers Fidels ont
toujours été de bons Citoyens.

L. 1.
Art. 6.
3. Pro.

LEUR Maître leur avoit inspiré ce
sentiment : il les avoit avertis qu'ils
seroient persécutés par toute la terre ,
& leur avoit dit en même tems : „ qu'il
„ les envoyoit comme des agneaux au
„ milieu des loups, „ c'est-à-dire qu'ils
n'avoient qu'à souffrir sans murmure
& sans résistance. *Math.* 10. 16.

Durant trois cents ans de persécu-
tion impitoyable , les Chrétiens ont
toujours suivi la même conduite.

Il n'y eut jamais de meilleurs citoyens , ni qui fussent plus utiles à
A iv

leur païs, ni qui serviffent plus volon-
tiers dans les armées, pourvû qu'on
ne voulût pas les y obliger à l'idola-
trie. Ecoutons le témoignage de Tertullien. ,, Vous dites que les Chré-
,, tiens font inutiles : nous navigeons
,, avec vous, nous portons les armes
,, avec vous, nous cultivons la terre,
,, nous exerçons la marchandife ; ,,
c'eft-à-dire, nous vivons comme les
autres dans tout ce qui regarde la fo-
ciété. *Tertul. Apol.*

L'Empire n'avoit point de meilleurs
foldats : outre qu'ils combattoient vail-
lament, ils obtenoient par leurs prieres ce qu'ils ne pouvoient faire par les
armes. Témoin la pluie obtenüe par
la légion fulminante, & le miracle at-
tefté par les lettres de Marc-Aurele.

Il leur étoit défendu de caufer du
trouble, de renverfer les idoles, de
faire aucune violence : les regles de
l'Eglife ne leur permettoient que d'attendre le coup en patience. Saint Paul
& fes compagnons en avoient ufé
ainfi ; & c'eft ce qui fefoit dire au Sé-
cretaire de la Communauté d'Ephèfe :
,, Meffieurs, il ne faut pas ainfi vous
,, émouvoir. Vous avez ici amené ces

» hommes qui n'ont commis aucun
» facrilège, & qui n'ont point blaf-
» phêmé votre déeſſe. » Ils ne feſoient
point de ſcandale, & prêchoient la
vérité ſans altérer le repos public.
Act. 19. 37.

Ces paroles de Tertullien expli-
quent admirablement combien les
Chrétiens perſécutés étoient foumis
& paiſibles. » Outre les ordres publics
» (dit-il) par leſquels nous fommes
» pourſuivis, combien de fois le Peu-
» ple nous attaque-t-il à coups de pier-
» res, & met-il le feu à nos maiſons
» dans la fureur des Bacchanales ? On
» n'épargne pas les Chrétiens même
» après leur mort : on les arrache du
» repos de la fépulture : cependant
» quelle vengeance recevez-vous de
» gens ſi cruellement traités ? Ne pou-
» rions nous pas avec peu de flambaux
» mettre le feu dans la ville, ſi parmi
» nous il étoit permis de faire le mal
» pour le mal ? Et quand nous vou-
» drions agir en ennemis déclarés,
» manquerions nous de troupes &
» d'armées ? Les Maures ou les Mar-
» comans, & les Parthes même qui
» font renfermés dans leurs limites,

» se trouveront-ils en plus grand nom-
» bre que nous, qui remplissons toute
» la terre ? Il n'y a que peu de tems
» que nous paroissons dans le monde,
» & déjà nous remplissons vos Villes,
» vos Isles, vos châteaux, vos assem-
» blées, vos camps, les Tribus, les
» Décuries, le Palais, le Sénat, le
» Bareau, la place publique. Nous ne
» vous laissons que les temples seuls.
» A quelle guerre ne serions nous pas
» disposés quand nous serions en nom-
» bre égal au vôtre, nous qui endu-
» rons si résolument la mort, si ce
» n'étoit que notre doctrine nous pres-
» crit plutôt d'être tués que de tuer ?
» Nous pourions même sans prendre
» les armes & sans rébellion, vous
» punir en vous abandonnant : votre
» solitude & le silence du monde vous
» feroit horreur : les Villes vous pa-
» roîtroient mortes, & vous seriez
» réduits au milieu de votre empire à
» chercher à qui commander. Il vous
» demeureroit plus d'ennemis que de
» citoyens ; car vous avez maintenant
» moins d'ennemis, à cause de la
» multitude prodigieuse de Chrétiens.
» Vous perdez en nous perdant. Vous

» avez par notre moyen un nombre
» infini de gens, je ne dis pas qui
» prient pour vous, car vous ne le
» croyez pas ; mais dont vous n'avez
» rien à craindre. » *Tertul. Apol.*

Il se glorifie avec raison que parmi
tant d'attentats contre la personne sacrée des Empereurs, il ne s'est jamais
trouvé un seul Chrétien, malgré l'in-
humanité dont on usoit sur eux tous.
» En vérité, dit-il, nous n'avons garde
» de rien entreprendre contre eux.
» Ceux dont Dieu a réglé les mœurs
» ne doivent pas seulement épargner
» les Empereurs, mais encore tous les
» hommes. Nous sommes pour les
» Empereurs tels que nous sommes
» pour nos voisins. Car il nous est éga-
» lement défendu de dire, ou de faire,
» ou de vouloir du mal à personne.
» Ce qui n'est point permis contre
» l'Empereur n'est permis contre per-
» sonne ; ce qui n'est permis contre
» personne, l'est encore moins, sans
» doute, contre celui que Dieu a fait
» si grand. » *Tertul. Apol.*

ART. 6.

L. 2.
Att. 1.
12.Pro.
On doit s'attacher à la forme du gou-
vernement qu'on trouve établi dans
son païs.

» QUE toute ame foit foumife aux
» Puiffances fupérieures : car il n'y a
» point de Puiffance qui ne foit de
» Dieu ; & toutes celles qui font,
» c'eft Dieu qui les a établies : ainfi
» qui réfifte à la puiffance, réfifte à
» l'ordre de Dieu. » *Rom.* 13. 1. 2.

Il n'y a aucune forme de gouvernement, ni aucun établiffement humain qui n'ait fes inconvéniens ; de
forte qu'il faut demeurer dans l'état
auquel un long tems a accoutumé le
Peuple. C'eft pourquoi Dieu prend
en fa protection tous les Gouvernemens légitimes, en quelque forme
qu'ils foient établis ; qui entreprend
de les renverfer, n'eft pas feulement
ennemi du public, mais encore ennemi de Dieu.

ART. 7.

Les Rois sont fort anciens dans le monde.

L. 2.
Art. 1.
4. Pro.

ON voit des Rois de bonne heure dans le monde. On voit du tems d'Abraham, c'est-à-dire, quatre cents ans environ après le déluge, des Royaumes déjà formés & établis dès long tems. On voit premièrement quatre Rois qui font la guerre contre cinq : on voit Melchisedech Roi de Salem, Pontife du Dieu très-haut, à qui Abraham donne la dîme. On voit Pharaon Roi d'Egypte, & Abimelech Roi de Gerare. Un autre Abimelech aussi Roi de Gerare paroît du tems d'Isaac ; & ce nom apparament étoit commun aux Rois de ce pays-là, comme celui de Pharaon aux Rois d'Egypte. *Gen.* 14-1. 9. 18. 20. *Gen.* 12-15. 20-2. 27-1.

Tous ces Rois paroissent bien autorisés ; on leur voit des Officiers réglés, une Cour, des Grands qui les environnent, une armée & un Chef des armées pour la commander, une

puiffance affermie. » Qui touchera,
» dit Abimelech, la femme de cet
» homme, il mourra de mort. »
Gen. 12-15. 21-22. 26-11.

Les hommes qui avoient vû une
image du Royaume dans l'union de
plufieurs familles, fous la conduite
d'un pere commun, & qui avoient
trouvé de la douceur dans cette vie,
fe porterent aifément à faire des fo-
ciétés de famille fous des Rois qui leur
tinffent lieu de Pere.

CHAPITRE II.

Avantage de l'autorité pour les
Peuples.

ART. 8.

L. 1.
Art. 3.
5. Pro.

Par le Gouvernement, chaque particulier
devient plus fort.

Toute la force eft tranfportée au
Magiftrat fouverain, chacun l'affermit au préjudice de la fiene & renonce

à sa propre vie en cas qu'il désobéisse.
On y gagne, car on retrouve en la personne de ce suprême Magistrat plus de
force qu'on n'en a quitté pour l'auto-
riser, puisqu'on y retrouve toute la
force de la Nation réunie ensemble
pour nous secourir.

Ainsi un particulier est en repos
contre l'oppression & la violence, parce
qu'il a en la personne du Prince un
défenseur invincible, & plus fort sans
comparaison que tous ceux du Peuple
qui entreprendroient de l'opprimer.

Le Souverain a intérêt de garantir
de la force tous les particuliers, parce
que si une autre force que la siene pré-
vaut parmi le Peuple, son autorité &
sa vie sont en péril.

Les hommes superbes & violens
sont ennemis de l'autorité, & leur
discours naturel est de dire : » qui est
» notre maître? » *Ps.* 11. 5.

Le Prince est donc par sa charge à
chaque particulier, » un abri pour se
» mettre à couvert du vent & de la
» tempête, un rocher avancé sous le-
» quel il se met à l'ombre dans une
» terre sèche & brûlante. La justice
» établit la paix; il n'y a rien de plus

» beau que de voir les hommes vivre
» tranquillement : chacun eſt en ſûre-
» té dans ſa tente & jouit du repos &
» de l'abondance. » Voilà les fruits
naturels du gouvernement réglé. *Iſai.*
32. 2. 17. 18.

En voulant tout donner à la force,
chacun ſe trouve foible dans ſes pré-
tentions les plus légitimes, par la multitude des concurrens contre qui il
faut être prêt. Mais ſous un pouvoir
légitime chacun ſe trouve fort, en
mettant toute la force dans le Souverain, qui a intérêt de tenir tout en
paix pour être lui-même en ſûreté.

Dans un gouvernement réglé, les
veuves, les orphelins, les pupilles,
les enfans même dans le berceau ſont
forts. Leur bien leur eſt conſervé, le
Public prend ſoin de leur éducation,
leurs droits ſont défendus, & leur
cauſe eſt la cauſe propre du Souverain.

C'eſt donc avec raiſon que ſaint Paul
nous recommande, » de prier perſé-
» vérament & avec inſtance pour les
» Rois, & pour tous ceux qui ſont
» conſtitués en dignité, afin que nous
» paſſions tranquillement notre vie,

» en

» en toute piété & chasteté. » 1. *Timot.*
2. 1. 2.

De tout cela il résulte, qu'il n'y a
point de pire état que l'anarchie, c'est-
à-dire, l'état où il n'y a point de gouvernement ni d'autorité. Où tout le
monde veut faire ce qu'il veut, nul
ne fait ce qu'il veut : où il n'y a pas
de maître, tout le monde est maître :
où tout le monde est maître, tout le
monde est esclave.

ART. 9.

Du pouvoir arbitraire & du pouvoir
absolu.

L. 8.
Art. 2.
1. & 2.
Pro-

QUATRE conditions accompagnent
les gouvernemens arbitraires.

Premièrement : les Peuples sujets
sont nés esclaves, c'est-à-dire, vraiment serfs, & parmi eux il n'y a point
de personnes libres.

Secondement : on n'y possède rien
en propriété, tout le fonds appartient
au Prince, & il n'y a point de droit
de succession, pas même de fils à
pere.

Troisièmement : le Prince a droit.

B

de difpofer à fon gré, non-feulement
des biens, mais encore de la vie de
fes fujets comme on feroit des ef-
claves.

Enfin, en quatrieme lieu, il n'y a de
loi que fa volonté.

Voilà ce qu'on appelle Puiffance
arbitraire. Je ne veux pas examiner fi
elle eft licite ou illicite. Il y a des
Peuples & de grands Empires qui s'en
contentent, & nous n'avons pas à les
inquiéter fur la forme de leur gouvernement. Il nous fuffit de dire que celle-
ci eft barbare & odieufe. Ces quatre
conditions font bien éloignées de nos
mœurs ; ainfi le gouvernement arbitraire n'y a point de lieu.

C'eft autre chofe que le gouvernement foit abfolu, autre chofe qu'il
foit arbitraire. Il eft abfolu par rapport
à la contrainte, n'y ayant aucune
puiffance capable de forcer le Souverain, qui en ce fens eft indépendant
de toute autorité humaine. Mais il ne
s'enfuit pas de là que le gouvernement foit arbitraire ; parce qu'outre
que tout eft foumis au jugement de
Dieu, (ce qui convient auffi au gouvernement qu'on vient de nommer

arbitraire) c'est qu'il y a des Loix dans
les Empires, contre lesquelles tout ce
qui se fait est nul de droit ; & il y a
toujours ouverture à revenir contre,
ou dans d'autres occasions, ou dans
d'autres tems.

Le Gouvernement est établi pour
affranchir les hommes de toute opres-
sion & de toute violence. C'est ce qui
fait l'état de parfaite liberté ; n'y ayant
dans le fond rien de moins libre que
l'anarchie, qui ôte d'entre les hommes
toute prétention légitime, & ne connoît d'autre droit que la force.

CHAPITRE III.

Avantage de l'autorité monarchique.

ART. 10.

L. 2.
Art. 1.
7. Pro. *La Monarchie est la forme du gouvernement la plus commune, la plus ancienne & aussi la plus naturelle.*

LE Peuple d'Israël se réduisit de lui-même à la Monarchie comme étant le gouvernement universellement reçu. » Etablissez-nous un Roi pour nous » juger, comme en ont tous les autres » Peuples. 1. *Reg.* 8. 5.

Si Dieu se fâche, c'est à cause que jusque là il avoit gouverné ce Peuple par lui-même, & qu'il en étoit le vrai Roi. C'est pourquoi il dit à Samuel : » ce n'est pas toi qu'ils rejettent, c'est » moi qu'ils ne veulent point pour » régner sur eux. 1. *Reg.* 8. 7.

Au reste ce gouvernement étoit tellement le plus naturel, qu'on le voit d'abord dans tous les Peuples. Nous le voyons dans l'histoire sainte; mais ici un peu de recours aux histoires profanes nous fera voir que ce qui a été en République, a vécu premièrement sous des Rois.

Rome a commencé par là, & y est enfin revenue comme à son état naturel.

Ce n'est que tard & peu à peu que les Villes Grecques ont formé leurs Républiques. L'opinion ancienne de la Grece étoit celle qu'exprime Homere par cette célebre sentence dans l'Iliade. « Plusieurs Princes n'est pas une bonne « chose : qu'il n'y ait qu'un Prince & « qu'un Roi. »

A présent il n'y a pas de République qui n'ait été autrefois soumise à des Monarques. Les Suisses étoient sujets des Princes de la Maison d'Autriche. Les Provinces-Unies ne font que sortir de la domination d'Espagne & de celle de la Maison de Bourgogne. Les Villes libres d'Allemagne avoient leurs Seigneurs particuliers, outre l'Empereur qui étoit le Chef

commun de tous les Corps Germani-
que. Les Villes d'Italie qui se sont
mises en Républiques du tems de
l'Empereur Rodolphe, ont acheté de
lui leur liberté. Venise même qui se
vante d'être République dès son origine, étoit encore sujette aux Empereurs sous le regne de Charlemagne
& long tems après : elle se forma
depuis en Etat populaire, d'où elle
est venue assez tard à l'Etat où nous la
voyons.

Tout le monde a donc commencé
par des Monarchies, & presque tout
le monde s'y est conservé comme dans
l'état le plus naturel.

A r t.   I I.

L. 2. *Le Gouvernement Monarchique est le*
Art. 1.   *meilleur.*
8. Pro.

S'il est le plus naturel, il est par
conséquent le plus durable & dès là
aussi le plus fort.

C'est aussi le plus opposé à la division
qui est le mal le plus essentiel des
Etats, & la cause la plus certaine de
leur ruine, conformément à cette pa-

role de l'Ecriture : » Tout Royaume
» divifé en lui-même fera défolé : toute
» ville ou toute famille divifée en elle-
» même ne fubfiftera pas. *Mat.* 12. 25.

Notre Seigneur a fuivi en cette fen-
tence le progrès le plus naturel du
gouvernement, & femble avoir voulu
marquer aux Royaumes & aux Villes
le même moyen de s'unir, que la nature a établi dans des familles.

En effet il eft naturel que quand les
familles auront à s'unir pour former
un corps d'Etat, elles fe rangent comme
d'elles-mêmes au gouvernement qui
leur eft propre.

Quand on forme les Etats on cher-
che à s'unir, & jamais on n'eft plus
uni que fous un feul Chef. Jamais
auffi on n'eft plus fort parce que tout
va au concours.

Les armées où paroît le mieux la
puiffance humaine, veulent naturelement un feul Chef : tout eft en péril
quand le commandement eft partagé :
» Après la mort de Jofué les enfans
» d'Ifraël confultèrent le Seigneur,
» difant : qui marchera devant nous
» contre les Chananéens, & qui fera
» notre Capitaine dans cette guerre ?

» Le Seigneur répondit : ce sera la
» Tribu de Juda. » *Jud.* l. 1.

ART. 12.

L. 2. *De toutes les Monarchies la meilleure*
Art. 1.
9. Pro.   *est l'héréditaire de mâle en mâle.*

C'EST celle que Dieu a établie dans
son Peuple. » Car il a choisi les Prin-
» ces de la Tribu de Juda , & dans
» la Tribu de Juda il a choisi ma fa-
» mille , dit David , & il m'a choisi
» parmi tous mes freres ; & parmi
» mes enfans il a choisi mon fils Sa-
» lomon pour être assis sur le trône
» du Royaume du Seigneur, sur tout
» Israël , & il m'a dit : j'affermirai
» son regne à jamais , s'il persévère
» dans l'obéissance qu'il doit à mes
» loix. » *Paralip.* 28. 4. &c.

Voilà donc la Royauté attachée par
succession à la maison de David & de
Salomon : « le trône de David est
» affermi à jamais. » 2. *Reg.* 7. 16.

ART. 13.

ART. 13.

*La Monarchie héréditaire à trois prin- L. 2.
cipaux avantages.* Art. 1.
10. Pro.

TROIS raisons font voir que ce gouvernement est le meilleur.

La premiere, c'est qu'il est le plus
naturel & qu'il se perpétue de lui-
même. Rien n'est plus stable qu'un Etat
qui dure & se perpétue par les mêmes
causes qui font durer l'Univers, & qui
perpétuent le genre humain.

David touche cette raison quand il
parle ainsi : » C'a été peu pour vous,
» ô Seigneur ! de m'élever à la Royau-
» té, vous avez encore établi ma mai-
» son à l'avenir : C'est la loi d'Adam,
» ô Seigneur Dieu ! » C'est-à-dire,
que c'est l'ordre naturel, que le fils
succéde au père. 2. *Rois.* 7. 19.

Les Peuples s'y accoutument d'eux-
mêmes. » J'ai vu tous les vivans sui-
» vre le second tout jeune qu'il est ;
» (c'est-à-dire le fils du Roi) qui doit
» occuper sa place. » *Eccl.* 4. 15.

Point de brigues, point de cabales
dans un Etat pour se faire un Roi,

C

la nature en a fait un : le mort, difons-
nous, faifit le vif, & le Roi ne meurt
jamais.

Le gouvernement eft le meilleur
qui eft le plus éloigné de l'anarchie. A
une chofe auffi néceffaire que le gouvernement parmi les hommes, il faut
donner les principes les plus aifés,
& l'ordre qui roule le mieux tout feul.

La feconde raifon qui favorife ce
gouvernement, c'eft que c'eft celui
qui intéreffe le plus à la confervation
de l'Etat, les Puiffances qui le con-
duifent. Le Prince qui travaille pour
fon état, travaille pour fes enfans ; &
l'amour qu'il a pour fon Royaume,
confondu avec celui qu'il a pour fa famille, lui devient naturel.

Il eft naturel & doux de ne montrer au Prince d'autre fucceffeur que
fon fils, c'eft-à-dire, un autre lui-
même, ou ce qu'il a de plus proche.
Alors il voit fans envie paffer fon
Royaume en d'autres mains. David
entend avec joie cette acclamation de
fon Peuple : » Que le nom de Salo-
» mon foit au-deffus de votre nom &
» fon trône au-deffus de votre trône. »
3. Rois. 1. 47.

Il ne faut point craindre ici les dé-
sordres causés dans un Etat par le
chagrin d'un Prince qui se fâche de
travailler pour son successeur. David
empêche de bâtir le Temple, ouvrage si glorieux & si nécessaire autant à la Monarchie qu'à la Religion,
se réjouit de voir ce grand ouvrage
réservé à son fils Salomon; & il en
fait les préparatifs avec autant de soin
que si lui-même devoit en avoir l'hon-
neur. » Le Seigneur a choisi mon fils
» Salomon pour faire ce grand ou-
» vrage, de bâtir une maison, non
» aux hommes, mais à Dieu même :
» & moi j'ai préparé de toutes mes
» forces tout ce qui étoit nécessaire à
» bâtir le Temple de mon Dieu. » 1.
Paralip. 19. 1. 2.

La troisième raison est tirée de la
dignité des Maisons où les Royaumes
sont héréditaires.

» Ç'a été peu pour vous, ô Sei-
» gneur! de me faire Roi, vous avez
» établi ma Maison à l'avenir, &
» vous m'avez rendu illustre au-dessus
» de tous les hommes. Que peut ajou-
» ter David à tant de choses, lui que
» vous avez glorifié si hautement, &

» envers qui vous vous êtes montré si
» magnifique? » 5. *Paral.* 17. 18.

Cette dignité de la Maison de David s'augmentoit à mesure qu'on en
voyoit naître les Rois ; le trône de
David & les Princes de la Maison de
David , devinrent l'objet le plus naturel de la vénération publique. Les
Peuples s'attachoient à cette Maison ;
& un des moyens dont Dieu se servit
pour faire respecter le Messie , fut de
l'en faire naître. On le réclamoit avec
amour sous le nom du fils de David.
Math. 20. 30. &c. 21. 9.

C'est ainsi que les Peuples s'atta-
chent aux Maisons royales. La jalousie qu'on a naturellement contre ceux
qu'on voit au-dessus de soi, se tourne
ici en amour & en respect ; les Grands
mêmes obéissent sans répugnance à
une Maison qu'on a toujours vu Maîtresse, & à laquelle on sait que nulle
autre maison ne peut jamais être
égalée.

Il n'y a rien de plus fort pour éteindre les partialités & tenir dans le devoir les égaux , que l'ambition & la
jalousie rendent incompatibles entre
eux,

CHAPITRE IV.

Caractères essentiels de la Dignité Royale.

ART. 14.

Le premier Empire parmi les hommes est l'Empire paternel.

L. 2.
Art. 1.
3. Pro.

JESUS-CHRIST qui va toujours à la source, semble l'avoir marqué par ces paroles. » Tout Royaume divisé en » lui-même sera désolé; toute Ville & » toute famille divisée en elle-même » ne subsistera plus. » *Math.* 12. 25. Des Royaumes il va aux Villes d'où les Royaumes sont venus, & des Villes il remonte encore aux familles comme au modele & au principe des Villes & de toute la société humaine.

Dès l'origine du monde Dieu dit à Eve, & en elle à toutes les femmes :

» Tu feras fous la puiffance de l'homme
» & il te commandera. » *Gen.* 3. 16.

Au premier enfant qu'eut Adam,
qui fut Caïn, Eve dit : » J'ai poffédé
» un homme par la grace de Dieu. »
Gen. 4. 1. Voilà donc auffi les enfans
fous la puiffance paternelle. Car cet
enfant étoit plus encore en la poffef-
fion d'Adam, à qui la mère elle-même
étoit foumife par l'ordre de Dieu.
L'un & l'autre tenoient de Dieu cet
enfant, & l'empire qu'ils avoient fur
lui. » Je l'ai poffédé, dit Eve, mais
» par la grace de Dieu. »

Dieu ayant mis dans nos parens,
comme étant en quelque façon les
auteurs de notre vie, une image de
la puiffance par laquelle il a tout fait ;
il leur a auffi tranfmis une image de
la puiffance qu'il a fur fes œuvres.
C'eft pourquoi nous voyons dans le
Décalogue qu'après avoir dit : » Tu
» adoreras le Seigneur ton Dieu &
» ne ferviras que lui, il ajoute auffi-
» tôt. Honores ton père & ta mère
» afin que tu vives long tems fur la
» terre, que le Seigneur ton Dieu te
» donnera. » *Exod.* 20. 12. Ce précepte eft comme une fuite de l'obéif-

sance qu'il faut rendre à Dieu qui est le vrai père.

De là nous pouvons juger que la premiere idée de commandement & d'autorité humaine , est venue aux hommes de l'autorité paternelle.

Les hommes vivoient long-tems au commencement du monde , comme l'atteste non - seulement l'Ecriture , mais encore toutes les anciennes traditions : la vie humaine commença à décroître seulement après le déluge , où il se fit une si grande altération dans la nature. Un grand nombre de familles se voyoient par ce moyen réunies sous l'autorité d'un seul grand-Père , & cette union de tant de familles avoit quelqu'image de Royaume.

Assurément durant tous le tems qu'Adam vécut , Seth que Dieu lui donna à la place d'Abel , lui rendit avec toute sa famille une entière obéissance. Cain qui viola le premier la fraternité humaine par un meurtre , fut aussi le premier à se soustraire de l'empire paternel. Haï de tous les hommes & contraint de s'établir un refuge; il bâtit la première ville à qui il donna le nom de son fils Henoch. *Gen.* 4. 17.

Les autres hommes vivoient à la campagne dans la premiere simplicité, ayant pour loi la volonté de leurs parens & les coutumes anciennes.

Telle fut encore après le déluge la conduite de plusieurs familles, surtout parmi les enfans de Sem, où se conservèrent plus long-tems les anciennes traditions du genre humain, & pour le culte de Dieu & pour la manière du gouvernement.

Ainsi Abraham, Isaac & Jacob persistèrent dans l'observance d'une vie simple & pastorale. Ils étoient avec leur famille libres & indépendans : ils traitoient d'égal avec les Rois. Abimelech Roi de Gerare, vint trouver Abraham, & ils firent un traité ensemble. *Gen.* 16.

La vie d'Abraham étoit pastorale, son Royaume étoit sa famille, & il exerçoit seulement, à l'exemple des premiers hommes, l'empire domestique & paternel.

ART. 15.

L'Autorité Royale image de la bonté L. 3.
paternele. Art. 3.

Nous avons vu que les Rois tiennent la place de Dieu qui est le vrai Père du genre humain.

Nous avons vu aussi que la première idée de puissance qui a été parmi les hommes, est celle de la puissance paternele, & que l'on a fait les Rois sur le modèle des Pères.

Aussi tout le monde est-il d'accord, que l'obéissance qui est dûe à la puissance publique, ne se trouve dans le Décalogue que dans le précepte qui oblige à honorer ses parens.

Il paroît par tout cela que le nom de Roi est un nom de Père, & que la bonté est le caractère le plus naturel des Rois.

Dieu met une image de sa gran- 1. Pro. deur dans les Rois, afin de les obliger à imiter sa bonté. En même tems il leur déclare qu'il leur donne cette grandeur pour l'amour des Peuples.

En effet Dieu qui a formé tous les

hommes d'une même terre pour le corps, & a mis également dans leurs ames son image & sa ressemblance, n'a pas établi entre eux tant de distinctions, pour faire d'un côté des orgueilleux, & de l'autre des esclaves & des misérables. Il n'a fait des Grands que pour protéger les petits; il n'a donné sa puissance aux Rois que pour procurer le bien public, & pour être le support du Peuple.

ART. 16.

L. 5.
Art. 4.
1. Pro.

Ce que c'est que la Majesté.

JE n'appelle pas Majesté cette pompe qui environe les Rois, ou cet éclat extérieur qui éblouit le vulgaire. C'est le rejaillissement de la Majesté & non pas la Majesté elle-même.

La Majesté est l'image de la grandeur de Dieu dans le Prince.

Dieu est infini, Dieu est tout. Le Prince en tant que Prince, n'est pas regardé comme un homme particulier: c'est un personage public, tout l'Etat est en lui, la volonté de tout le Peuple est renfermée dans la siene. Comme en

Dieu eſt réunie toute perfection &
toute vertu, ainſi toute la puiſſance
des particuliers eſt réunie en la perſonne du Prince. Quelle grandeur,
qu'un ſeul homme en contiene tant !

La puiſſance de Dieu ſe fait ſentir
en un inſtant de l'extrémité du monde
à l'autre : la puiſſance royale agit en
même tems dans tout le Royaume.
Elle tient tout le Royaume en état,
comme Dieu y tient tout le monde.

Que Dieu retire ſa main, le monde
retombera dans le néant : Que l'autorité ceſſe dans le Royaume, tout ſera
en confuſion.

Conſidérez le Prince dans ſon cabinet. De là partent les ordres qui
font aller de concert les Magiſtrats &
les Capitaines, les Citoyens & les
Soldats, les Provinces & les Armées
par terre & par mer. C'eſt l'image de
Dieu qui aſſis dans ſon trône au plus
haut des Cieux, fait aller toute la
nature.

» Quel mouvement ſe fait, dit
» Saint Auguſtin, au ſeul commande-
» ment de l'Empereur ? Il ne fait que
» remuer les lèvres, il n'y a point
» de plus léger mouvement, & tout

» l'Empire se remue. C'est , dit-il,
» l'image de Dieu qui fait tout par sa
» parole. Il a dit , & les choses ont
» été faites , il a commandé & elles
» ont été créées. » *Saint Aug. sur le
Psau* 148.

On admire ses œuvres , la nature
est une matière de discourir aux cu-
rieux. » Dieu leur donne le monde à
» méditer , mais ils ne découvriront
» jamais le secret de son ouvrage ,
» depuis le commencement jusqu'à la
» fin. » *Eccl.* 3. 11. On en voit quelque parcelle , mais le fond est im-
pénétrable. Ainsi est le secret du
Prince.

Les desseins du Prince ne sont bien
connus que par l'exécution. Ainsi se
manifestent les conseils de Dieu ; jusque là personne n'y entre que ceux que
Dieu y admet.

Si la puissance de Dieu s'étend par
tout , la magnificence l'accompagne.
Il n'y a endroit de l'Univers où il ne
paroisse des marques éclatantes de sa
bonté. Voyez l'ordre , voyez la justice,
voyez la tranquillité dans tout le Royaume. C'est l'effet naturel de l'autorité du
Prince.

Il n'y a rien de plus majeſtueux que
la bonté répandue, & il n'y a point
de plus grand aviliſſement de la Majeſté que la miſère du Peuple cauſée
par le Prince.

Les méchans ont beau ſe cacher,
la lumière de Dieu les ſuit partout,
ſon bras va les atteindre juſqu'au haut
des Cieux & juſqu'au fond des abîmes. ,, Où irai-je devant votre eſprit,
,, dit David, & où fuirai-je devant
,, votre face ? Si je monte au Ciel
,, vous y êtes ; ſi je me jette au fond
,, des enfers, je vous y trouve ; ſi je
,, me leve le matin & que j'aille me
,, retirer ſur les mers les plus éloi-
,, gnées, c'eſt votre main qui me
,, mene là, & votre main droite me
,, tient. Et j'ai dit : Peut-être que les
,, ténèbres me couvriront : mais la
,, nuit a été un jour autour de moi.
,, Devant vous les ténèbres ne ſont
,, pas ténèbres, la nuit eſt éclairée
,, comme le jour, l'obſcurité & la lu-
,, mière ne ſont qu'une même choſe. ,,
Pſau. 138. 7. &c. Les méchans trou-
vent Dieu par-tout, en haut & en bas,
nuit & jour ; quelque matin qu'ils ſe
levent, il les prévient ; quelque

loin qu'ils s'écartent, sa main est sur eux.

Ainsi Dieu donne au Prince de découvrir les trames les plus secrettes. Il a des yeux & des mains par-tout : les oiseaux du Ciel lui rapportent ce qui se passe. Il a même reçu de Dieu, par l'usage des affaires, une certaine pénétration qui fait penser qu'il devine. A-t-il pénétré l'intrigue, ses longs bras vont prendre ses ennemis aux extrémités du monde : ils vont le déterrer au fond des abîmes. Il n'y a point d'asile assuré contre une telle puissance.

Enfin ramassez ensemble les choses si grandes & si augustes que nous avons dites sur l'autorité royale. Voyez un Peuple immense réuni en une seule personne, voyez cette puissance sacrée, paternelle & absolue, voyez la raison secrette qui gouverne tout le corps de l'Etat, renfermée dans une seule tête ; vous voyez l'image de Dieu dans les Rois, & vous avez l'idée de la Majesté royale.

Dieu est la sainteté même, la bonté même, la puissance même, la raison même. En ces choses est la Majesté de

Dieu. En l'image de ces chofes eft la Majefté du Prince.

Elle eft fi grande, cette Majefté, qu'elle ne peut être dans le Prince comme dans fa fource ; elle eft em-pruntée de Dieu, qui la lui donne pour le bien des Peuples, à qui il eft bon d'être contenu par une force fupé-rieure.

Je ne fai quoi de divin s'attache au Prince, & infpire la crainte aux Peuples : Que le Roi ne s'oublie pas pour cela lui-même. » Je l'ai dit, » c'eft que Dieu parle, je l'ai dit : » Vous êtes des Dieux & vous êtes » tous enfans du très-haut : mais vous » mourrez comme des hommes & vous » tomberez comme les Grands. » *Pfau.* 81. 6. & 7.

O Rois ! exercez donc hardiment votre puiffance, car elle eft divine & falutaire au genre humain ; mais exercez-la avec humilité, car elle vous charge devant Dieu d'un plus grand compte.

Art. 17.

La personne des Rois est sacrée.

Il paroît de tout cela que la personne des Rois est sacrée, & qu'attenter sur eux c'est un sacrilège. Dieu les fait oindre par ses Prophètes d'une onction sacrée, comme il fait oindre les Pontifes & ses autels. Mais sans l'application extérieure de cette onction, ils sont sacrés par leur charge, comme étant les représentans de la Majesté divine, députés par sa providence à l'exécution de ses desseins. C'est ainsi que Dieu même appelle Cyrus son Oint. » Voici ce que dit le » Seigneur à Cyrus : mon Oint que » j'ai pris par la main pour lui assu- » jétir tous les Peuples. *Isa.* 45. 1.

Le titre de Christ est donné aux Rois, & on les voit par tout appellés les Christs ou les Oints du Seigneur.

Sous ce nom vénérable les Prophètes mêmes les révèrent, & les regardent comme associés à l'Empire souverain de Dieu, dont ils exercent l'autorité

l'autorité sur le peuple. « Parlez de
» moi hardiment devant le Seigneur
» & devant son Christ, dites si j'ai
» pris le bœuf ou l'âne de quelqu'un.
» Ils répondirent, jamais. Samuel dit :
» Le Seigneur & son Christ sont
» donc témoins que vous n'avez au-
» cune plainte à faire contre moi. 1.
Roi. 12. 3. *&c.*

C'est ainsi que Samuel après avoir
jugé le Peuple vingt & un an de la
part de Dieu, avec une puissance absolue, rend compte de sa conduite
devant Dieu & devant Saül qu'il
appelle ensemble à témoin, & établit
son innocence sur leur témoignage.

Il faut garder les Rois comme des
choses sacrées, & qui néglige de les
garder est digne de mort. « Vive le
» Seigneur, dit David aux capitaines
» de Saül, vous êtes des enfans de
» mort, vous tous qui ne gardez pas
» votre Maître, l'Oint du Seigneur. 1.
Rois. 26. 16.

Qui garde la vie du Prince, met la
sienne en la garde de Dieu même.
» Comme votre vie a été chere &
» précieuse à mes yeux, dit David
» au Roi Saül, ainsi soit chere ma

D

» vie devant Dieu même , & qu'il
» daigne me délivrer de tout péril. 1.
Rois. 26. 24.

Dieu lui met deux fois entre les
mains Saül qui remuoit tout pour le
perdre, ses gens le pressent de se dé-
faire de ce Prince injuste & impie ,
mais cette proposition lui fait horreur. « Dieu, dit-il , soit à mon se-
» cours , & qu'il ne m'arrive pas de
» mettre la main sur mon maître ,
» l'Oint du Seigneur. 1. *Rois.* 24. 7. &
11. *Idem.* 26. 23.

Loin d'attenter sur sa personne, il
est même saisi de frayeur pour avoir
coupé un bout de son manteau , encore qu'il ne l'eût fait que pour lui
montrer combien religieusement il
l'avoit épargné. « Le cœur de David
» fut saisi, parce qu'il avoit coupé le
» bord du manteau de Saül. ». 1. *Rois.*
24. 6. Tant la personne du Prince lui
paroît sacrée, & tant il craint d'avoir
violé par la moindre irrévérence le respect qui lui étoit dû.

Art. 18.

L'Autorité Royale est absolue.

Pour rendre ce terme odieux &
insupportable , plusieurs affectent de
confondre le gouvernement absolu &
le gouvernement arbitraire. Mais il
n'y a rien de plus distingué, ainsi que
nous l'avons fait voir *Art. 9 .ci-devant.*

Art. 19.

Le Prince ne doit rendre compte à per-
sonne de ce qu'il ordonne

» Observez les commandemens
» qui sortent de la bouche du Roi,
» & gardez le serment que vous lui
» avez prêté. Ne songez pas à échaper
» de devant sa face, & ne demeurez
» pas dans de mauvaises œuvres, parce
» qu'il fera tout ce qu'il voudra ;
» la parole du Roi est puissante, &
» personne ne lui peut dire : Pour-
» quoi faites vous ainsi? Qui obéit
» n'aura point de mal. » *Eccli. 8. 2. &c.*
Sans cette autorité absolue , il ne

peut ni faire le bien ni réprimer le mal. Il faut que sa puissance soit telle que personne ne puisse espérer de lui échaper. Enfin la seule défense des particuliers contre la puissance publique, doit être leur innocence. ,, Vou- ,, lez-vous ne craindre point la puis- ,, sance, faites le bien. ,, *Rom.* 13. 3.

ART. 20.

Quand le prince a jugé, il n'y a pas d'autre jugement.

Les jugemens souverains sont at-tribués à Dieu même. Quand Josa-phat établit des juges pour juger le Peuple : ,, Ce n'est pas, dit-il, au ,, nom des hommes que vous jugez, ,, mais c'est au nom de Dieu.. ,,. 2. *Paralip.* 19. 6.

C'est ce qui a fait dire à l'ecclésias-tique. ,, Ne jugez point contre le Ju- ,,ge.,, *Eccli.* 8. 17. A plus forte raison contre le souverain Juge qui est le Roi. La raison qu'il en apporte : ,, C'est qu'il juge selon la justice. ,, Ce n'est pas qu'il y juge toujours, mais c'est qu'il est réputé y juger, &

que perfonne n'a droit de juger ni de revoir après lui.

Il faut donc obéir aux Princes comme à la Juftice même, fans quoi il n'y a point d'ordre ni fin dans les affaires.

Ils font des Dieux & participent en quelque forte à l'indépendance divine. » J'ai dit, vous êtes des Dieux & » vous êtes tous enfans du très-Haut. » *Pf.* 81. 6.

Il n'y a que Dieu qui puiffe juger de leurs jugemens & de leurs perfonnes. » Dieu a pris fa féance dans l'af- » femblée des Dieux, & affis au » milieu, il juge des Dieux. » *Pf.* 81. 1.

C'eft pour cela que Saint Grégoire de Tours difoit au Roi Chilperic dans un concile : » Nous vous parlons, » mais vous nous écoutez fi vous vou- » lez. Si vous ne voulez pas, qui vous » condamnera, finon celui qui a dit » qu'il étoit la Juftice lui-même. » *Greg. Tur. Lib. 6. Hift.*

De là vient que celui qui ne veut pas obéir au Prince, n'eft pas renvoyé à un autre Tribunal, mais il eft condamné irrémiffiblement à mort ;

comme l'ennemi du repos public & de la société humaine. » Qui sera orgueil- » leux, & ne voudra pas obéir au com- » mandement du Pontife & à l'or- » donnance du Juge, il mourra & » vous ôterez le mal du milieu de » vous. Et encore : Qui refusera d'o- » béir à tous vos ordres, qu'il meure. » C'est le Peuple qui parle ainsi à Jo- sué. *Deut.* 17. 12. *& Josué.* 1. 18.

Le Prince se peut redresser lui-même quand il connoît qu'il a mal fait ; mais contre son autorité il ne peut y avoir de remede que dans son autorité. C'est pourquoi il doit bien prendre garde à ce qu'il ordonne. » Prenez garde à ce que vous faites, » tout ce que vous jugerez retombera » sur vous ; ayez la crainte de Dieu, » faites tout avec grand soin. 2. *Para-* » *lip.* 19. 6. & 7.

C'est ainsi que Josaphat instruisoit les Juges à qui il confioit son autorité : Combien y pensoit-il quand il avoit à juger lui-même ?

✳✳
✳✳

ART. 21.

Il n'y a point de force coactive contre le Prince.

L. 4.
Art. 1.
3. Pío.

ON appelle force coactive une puiſſance pour contraindre à exécuter
ce qui eſt ordonné légitimement. Au
Prince ſeul appartient le commandement légitime, à lui ſeul appartient auſſi
la force coactive.

C'eſt auſſi pour cela que ſaint Paul
ne donne le glaive qu'à lui ſeul. » Si
» vous ne faites pas bien, craignez;
» car ce n'eſt pas envain qu'il a le
» glaive. » *Rom.* 13. 4.

Il n'y a dans un État que le Prince
qui ſoit armé, autrement tout eſt en
confuſion, & l'Etat retombe en anarchie.

Saint Ambroiſe ſur ces paroles de
David : » Seigneur, j'ai péché contre
» vous ſeul, dit : Il étoit Roi, il n'é-
» toit aſſujeti à aucunes loix, parce
» que les Rois ſont affranchis des
» peines qui lient les criminels. Car
» l'autorité du commandement ne
» permet pas que les loix les condam-

» nent au fuplice. David donc n'a
» point péché contre celui qui n'avoit
» point d'action pour le faire châtier. »
S. *Ambr. in Pfal. 50. & Apolog.*
David.

Quand la fouveraine Puiſſance fut
accordée à Simon Machabée, on ex-
prima en ces termes le pouvoir qui
lui fut donné. » Qu'il ſeroit le Prince
» & le Capitaine général de tout le
» Peuple , & qu'il auroit foin des
» Saints (c'eſt ainſi qu'on appelloit les
» Juifs) qu'il établiroit les direc-
» teurs de tous les ouvrages publics
» & de tous le Païs, les Gouverneurs
» qui commanderoient les armées & les
» garniſons; que ce ſeroit à lui de
» prendre foin du Peuple , & que
» tout le monde recevroit ſes ordres;
» que tous les actes & décrets publics
» ſeroient écrits en fon nom; qu'il
» porteroit la pourpre & l'or; qu'au-
» cun du Peuple ni des Prêtres ne
» feroit contre ſes ordres , ni ne s'y
» pourroit oppoſer, ni ne tiendroit
» d'aſſemblée ſans ſa permiſſion , ni
» ne porteroit la pourpre ou la boucle
» d'or qui eſt la marque du Prince ;
» & que quiconque feroit au contraire ,
　　　　　　　　　　　　　　　» ſeroit

» feroit criminel. » 1. *Mach.* 14. 42.
& *fuiv.*

Voilà ce qui fe peut appeller la loi
royale, où tout le pouvoir des Rois
eſt excellemment expliqué. Au Prince
feul appartient le foin général du Peuple ; c'eſt là le premier article & le
fondement de tous les autres : à lui
les ouvrages publics ; à lui les places
& les armes ; à lui les decrets & les
ordonnances : à lui les marques de
diſtinction : nulle puiſſance que dé-
pendante de la fiene, nulle aſſemblée
que par fon autorité.

C'eſt ainſi que pour le bien d'un
Etat, on réunit en un toute la force.
Metre la force hors de là, c'eſt divi-
fer l'Etat, c'eſt ruiner la paix publique, c'eſt faire deux Maîtres contre
cet oracle de l'Evangile. » Nul ne
» peut fervir deux Maîtres. » *Math.*
6. 24.

ART. 22.

Les Rois ne font pas affranchis des L. 4.
Loix. Art. 1.
4. Pro.

» QUAND il fera aſſis dans fon trône,

E

» dit l'Ecriture, il prendra soin d'é-
» crire cette Loi dont il recevra un
» exemplaire de la main des Prêtres de
» la Tribu de Lévi, & l'aura toujours
» en main, la lifant tous les jours de
» fa vie, afin qu'il apprene à craindre
» Dieu, à garder fes ordonnances & fes
» jugemens. » *Deutéron.* 17. 16. &c.

On remarque auſſi cette belle loi
d'un Empereur Romain. » C'eſt une
» parole digne de la majeſté du Prince,
» de ſe reconnoître ſoumis aux Loix. »
L. *Digna. C. de Legibus.*

Les Rois ſont donc ſoumis comme
les autres à l'équité des loix, parce
qu'ils doivent être juſtes, & parce qu'ils
doivent au Peuple l'exemple de garder
la juſtice ; mais ils ne ſont pas ſoumis
aux peines des loix, ou, comme parle
la Théologie, ils ſont ſoumis aux loix
non quant à la puiſſance coactive, mais
quant à la puiſſance directive : (C'eſt-à-
dire, non quant la puiſſance qu'ils ont
confiée à quelques-uns de leurs ſujets,
mais quant à celle dont ils doivent
rendre compte à Dieu.)

ART. 23.

L'Autorité Royale doit être invincible.

L. 4.
Art. 1.
8. Pro.

S'il y a dans un Etat quelque autorité capable d'arrêter le cours de la puissance publique, & de l'embarasser dans son exercice, personne n'est en sûreté.

Que si le prince qui est le Juge des Juges, craint les Grands, qu'y aura-t-il de ferme dans l'Etat? Il faut donc que l'autorité soit invincible, & que rien ne puisse forcer le rempart à l'abri duquel le repos public, & le salut des particuliers est à couvert.

ART. 24.

La fermeté est un caractere essentiel à la Royauté.

L. 4.
Art. 1.
9. Pro.

Quand Dieu établit Josué pour être Prince & Capitaine général, il dit à Moyse: » Donnes tes ordres à Josué, » & l'affermis & le fortifies : car il » conduira le Peuple & lui partagera

» la terre que tu ne feras seulement
» qu'entrevoir. » *Deut.* 3. 28.

Quand il eut été désigné successeur
de Moyse qui alloit mourir, Dieu lui
dit lui-même : » Sois ferme & fort,
» car tu introduiras mon Peuple dans
» la terre que je lui ai promise, & je
» serai avec toi. » *Deutéron* 31. 23.

Voilà comme Dieu instale les Princes : il affermit leur puissance, & leur
ordonne d'en user avec fermeté.

ART. 25.

L. 5.
Art. 1.
14 Pro. *Le Prince doit savoir ce qui se passe au-
dedans & au dehors de son Royaume.*

SOUS un Prince habile & bien
averti, personne n'ose mal faire.
On croit toujours l'avoir présent &
même qu'il devine les pensées. » Ne
» dites rien contre le Roi dans votre
» pensée, ne parlez pas contre lui
» dans votre cabinet ; car les oiseaux du
» Ciel rapporteront votre discours. »
Eccl. 10. 20.

Les avis volent de toutes parts,
il en fait faire le discernement, & rien
n'échape à sa connoissance.

Ce soldat à qui Joab son Général commandoit quelque chose contre les ordres du Roi, lui répondit : » Quel- » que somme que vous me donnassiez, » je ne ferois pas ce que vous me » dites ; car le Roi l'a défendu. Et » quand je ne craindrois pas ma pro- » pre conscience, le Roi le sauroit, & » pourriez-vous me protéger?» 2. *Rois.* 18. 12. *&c.*

Que le Prince soit donc averti & n'épargne rien pour cela. C'est à lui principalement que s'adresse cette pa- role du Sage. » Achetez la vérité. » *Prov.* 23. 23.

CHAPITRE V.

Justice des Rois.

ART. 26.

L. 8. *La Justice appartient à Dieu , & c'est*
Art. 1.
2. Pro.   *lui qui la donne aux Rois.*

« O DIEU ! donnez votre jugement
» au Roi, & votre justice au fils du
» Roi, pour juger votre Peuple selon
» la Justice, & vos Pauvres avec un
» jugement droit. » *Pf.* 81. 1. C'est
la prière que fesoit David pour Salomon.

C'est donc à Dieu qu'appartienent
en propriété la justice, le jugement,
& c'est lui qui la donne aux Rois. C'est-
à-dire, qu'il leur donne non-seulement
l'autorité de juger, mais encore l'in-
clination & l'application à le faire
comme il le veut & selon ses Loix
éterneles.

ART. 27.

La Justice est un frein à la licence.

L. 1,
Art. 3.
2. Pro.

LA justice n'a de soutien que l'autorité & la subordination des Puissances. Cet ordre est le frein de la licence. Quand chacun fait ce qu'il veut & n'a pour règle que ses desirs, tout va en confusion. Un Lévite viole ce qu'il y a de plus saint dans la Loi de Dieu ; la cause qu'en donne l'Ecriture : » C'est qu'en ce tems-là il n'y » avoit point de Roi en Israel, & que » chacun fesoit ce qu'il trouvoit à » propos. » *Jug.* 17. 6.

ART. 28.

Le Prince doit la Justice : il est lui-même le premier Juge.

L. 8.
Art. 3.
4. Pro.

» FAITES-nous des Rois qui nous » jugent, comme en ont les autres » Nations. » 1. *Rois.* 8. 5. C'est l'idée des Peuples lorsqu'ils demandent des Rois à Samuel. Ainsi le nom de Roi est un nom de Juge.

E iv

Quand Abſalon aſpira à la Royanté:
» Il alloit à la porte des villes & dans
» les chemins publics, interrogeant
» ceux qui venoient de tous côtés au
» jugement du Roi, & leur diſant:
» vous me paroiſſez avoir raiſon,
» mais il n'y a perſonne prépoſé par
» le Roi pour vous entendre. Et il
» ajoutoit: Qui m'établira Juge ſur la
» terre, afin que tous ceux qui ont des
» affaires vienent à moi, & que je juge
» juſtement? » 2. *Rois.* 15. 2. &c. Il
n'oſoit dire, qui me fera Roi? La
rébellion eût été trop déclarée; mais
c'étoit le nom de Roi qu'il demandoit
ſous celui de Juge.

Il décrioit le gouvernement de ſon
père, en diſant qu'il n'y avoit pas de
juſtice; c'étoit une calomnie. Loin de
négliger la juſtice, David la rendoit
lui-même avec un ſoin merveilleux.
» Il régnoit ſur Iſraël, & dans les
» jugemens il feſoit juſtice à ſon Peu-
» ple. » 2. *Rois.* 8. 15.

Nathan vint à David lui porter la
plainte du pauvre à qui un riche in-
juſte avoit enlevé une brebis qu'il ai-
moit; & David irrité reçut la plainte.
C'étoit une parabole: mais puiſque

la parabole se tire des choses les plus
usitées ; celle-ci montre la coutume
de porter aux Rois les plaintes des
particuliers. David rendit justice en
disant : » Il rendra la brebis au qua-
druple. » 2. *Rois.* 12. 1. &c.

» Je suis une femme veuve , &
» j'avois deux fils , disoit au même
» David cette femme de Thécuée ,
» qui s'étant querélée à la campagne ,
» sans que personne pût les séparer ;
» l'un a frapé l'autre & il en est mort ,
» & la famille poursuit son frere pour
» le faire punir de mort. Ils me ra-
» vissent mon seul héritier , & cher-
» chent à éteindre la seule étincelle
» qui me reste sur la terre, pour faire
» revivre le nom de mon mari. Le
» Roi lui répondit : Allez en repos à
» votre maison , & j'ordonnerai ce
» qu'il faudra en votre faveur. » 2.
Rois. 14. 9. &c.

On fait le jugement de Salomon ,
qui lui attira dans tout le Peuple cette
crainte respectueuse qui fait obéir aux
Rois, & qui établit leur empire.

ART. 29.

L. 8.
Art. 3.
5. Pro. *Les voies de la Justice font aisées à connoître.*

LE chemin de la justice n'est pas de ces chemins tortueux qui, semblables à des labirintes, vous font craindre de vous perdre. » La route » du juste est droite, c'est un sen- » tier étroit & qui n'a point de dé- » tour : l'on y marche en sûreté. » *Isa.* 26. 7.

Un Payen même disoit : Qu'il ne faut point faire ce qui est douteux & ambigu. L'équité, poursuit cet auteur, éclate par elle-même, le doute semble enveloper quelque secret dessein d'injustice. *Cic.* 1. *de Offic.*

Voulez-vous savoir le chemin de la justice? Marchez dans le païs découvert : Allez où vous conduit votre vue. » Que vos yeux, comme dit le » Sage, précedent vos pas. » *Prov.* 3. 6. La justice ne se cache pas.

Il est vrai qu'en beaucoup de points elle dépend des loix positives ; mais le langage de la loi est simple, sans vouloir briller ni rafiner, elle ne veut être que nette & précife.

Comme néanmoins il eft impoffible qu'il ne fe trouve des difficultés & des queftions compliquées, le Prince pour n'être pas furpris, & pour donner lieu à un plus grand éclairciffement de la vérité, y aporte le remede qu'on va expliquer.

A R T. 30.

Le Prince établit des Tribunaux, en L. 8. *nomme les Sujets & les inftruit de* Art. 3. *leurs devoirs.* 6. Pro.

AINSI l'avoit pratiqué Moyfe, de peur de fe confumer par un travail inutile. *Exod.* 18. 13. &c... C'eft de quoi il rend compte au Peuple en ces termes. « Je ne puis pas feul terminer » toutes vos affaires ni vos procès. » Choififfez parmi vous des hommes » fages & habiles, dont la conduite » foit approuvée. J'ai tiré de vos Tri- » bus des gens fages, nobles & con- » nus; je les ai établis vos Juges en » leur difant : Ecoutez le Peuple,

» prononcez ce qui fera jufte entre le
» Citoyen ou l'étranger, fans diftinc-
» tion de perfonnes, jugeant le petit
» comme le grand; parce que c'eft le
» jugement du Seigneur qui n'a nul
» égard aux perfonnes. Et vous me rap-
» porterez ce qui fera de plus diffi-
» cile. » *Deut.* 1. 12. &c.

On voit trois chofes dans ces paroles de Moyfe. En premier lieu, l'établiffement des Juges fous le Prince.
En fecond lieu, leur choix & les
qualités dont ils doivent être ornés.
En troifieme lieu, la réferve des
affaires les plus difficiles au Prince
même.

Ces Juges étoient établis dans
toutes les Villes & dans chaque Tribu : Moyfe l'avoit ainfi ordonné. *Deut.*
16. 18.

A cet exemple nous avons vu les
Tribunaux établis par Jofaphat, Prince
zélé pour la juftice, s'il en fut jamais
parmi les Rois de Juda, & fur le trône
de David. 2. *Paralip.* 19. 5. &c.

Ces Tribunaux étoient de deux
fortes. Il y avoit ceux de toutes les
Villes particulières, & il y en avoit
un premier dans la capitale du Royaume

& sous les yeux du Roi ; à l'exemple & pour perpétuer le grand Sénat
de soixante & dix que Moyse avoit
établi.

Nous remarquons auffi le soin qu'il
prenoit de les inftruire en perfonne à
l'exemple de Moyse. Ce qui avoit deux
bons effets : le premier de faire fen-
tir la capacité du Prince , ce qui te-
noit tout le monde dans le devoir :
le fecond , de graver plus profondé-
ment dans les cœurs les règles de la
juftice.

Dans les actions folemnelles où il
s'agiffoit de quelque grand bien de
l'Etat , les bons Rois comme Josias ,
réuniffoient enfemble les Sénateurs ,
tant des Villes de Juda que de Jéru-
falem. Il aprenoit de leurs concours
ce qu'il faloit faire pour le bien
commun & de l'Etat en général ,
& des Villes en particulier 4. *Rois.*
23. 1.

Art. 31.

Le Peuple doit se tenir en repos sous
l'Autorité du Prince.

Aussi-tôt qu'il y a un Roi , le
Peuple n'a plus qu'à demeurer en repos sous son autorité.

Quand un Roi est autorisé : » Cha-
» cun demeure en repos & sans
» crainte, sous sa vigne & son figuier
» d'un bout du Royaume à l'autre. »
3. *Rois*. 4. 23.

Tel étoit l'état du Peuple Juif sous
Salomon, de même sous Simon Machabée. » Chacun cultivoit sa terre
» en paix, les vieillards assis dans les
» rues parloient ensemble du bien pu-
» blic, & les jeunes gens se paroient
» & prenoient l'habit militaire. Cha-
» cun assis sous sa vigne & son figuier,
» vivoit sans crainte. » 1. *Mach.* 14.
8. &c.

Pour jouir de ce repos il ne faut
pas seulement la paix au-dehors , il
faut la paix au-dedans sous l'autorité
d'un Prince absolu.

CHAPITRE VI.

Fidélité , Obéissance dûes aux Rois.

ART. 32.

On doit au Prince les mêmes services qu'à sa Patrie.

L. 6. Art. 1. 1. Pro.

PERSONNE n'en peut douter après que nous avons vu que tout l'Etat est en la personne du Prince. En lui est la puissance, en lui est la volonté de tout le Peuple. A lui seul apartient de faire tout conspirer au bien public. Il faut faire concourir ensemble le service qu'on doit au Prince & celui qu'on doit à l'Etat, comme choses inséparables.

ART. 33.

L. 6. *Il faut servir l'Etat comme le Prince*
Art. 1.
2. Pro. *l'entend.*

CEUX qui pensent servir l'Etat autrement qu'en servant le Prince & en lui obéissant, s'attribuent une partie de l'autorité royale ; ils troublent la paix publique & le concours de tous les membres avec le Chef.

Tels étoient les enfans de Sarvia, qui par un faux zèle vouloient perdre ceux à qui David avoit pardonné. » Qu'y a-t-il entre vous & moi, enfans de Sarvia? Vous m'êtes aujourdui un Satan. » 2. *Rois.* 19. 22.

Le Prince voit de plus loin & de plus haut ; on doit croire qu'il voit mieux ; il faut obéir sans murmure, puisque le murmure est une disposition à la sédition.

Le Prince sait tout le secret & toute la suite des affaires : manquer d'un moment à ses ordres c'est metre tout au hasard : » David dit à Amasa : » Assemblez l'armée dans trois jours » & rendez-vous auprès de moi en
» même

» même tems. Amafa alla donc af-
» fembler l'armée & demeura plus
» que le Roi n'avoit ordonné. David
» dit à Abifaï : Seba nous fera plus de
» mal qu'Abfalon, allez vîte avec les
» gens qui font près de ma perfonne,
» & pourfuivez le fans relâche. » 2.
Rois. 20. 4. &c.

ART. 34.

Il n'y a que les ennemis publics qui fé-
parent l'intérêt du Prince de l'intérêt
de l'Etat.

L. 6.
Art. 1.
5. Pro.

DANS le ftile ordinaire de l'Ecriture, les ennemis de l'Etat font auſſi appellés les ennemis du Roi. Saül appelle
fes ennemis, les Philiftins ennemis du
Peuple de Dieu. *Rois*. 14. 24. » David
» ayant défait les Philiftins ; Dieu,
» dit-il, a défait mes ennemis. » 2.
Rois 5. 20. Il n'eſt pas befoin de rapporter plufieurs exemples d'une chofe
trop claire pour être prouvée.

Il ne faut donc point penfer, ni
qu'on puiffe attaquer le Peuple fans
attaquer le Roi, ni qu'on puiffe attaquer le Roi fans attaquer le Peuple.

F

C'étoit une illusion trop grossière
que ce discours que fesoit Rabsace,
Général de l'armée de Sennachérib
Roi d'Assyrie. Son Maître l'avoit envoyé pour exterminer Jérusalem, &
transporter les Juifs hors de leur païs.
Il fait semblant d'avoir pitié du Peuple
réduit à l'extrémité par la guerre, &
tâche de le soulever contre son Roi
Ezéchias. Voici comme il parle devant tout le Peuple aux envoyés de ce
Prince. " Ce n'est pas à Ezéchias vo-
" tre Maître que le Roi mon Maître
" m'a envoyé, il m'a envoyé à ce
" pauvre peuple réduit à se nourrir de
" ses excrémens. Puis il cria à tout le
" Peuple : Ecoutez les paroles du grand
" Roi, le Roi d'Assyrie, voici ce que
" dit le Roi : Qu'Ezéchias ne vous
" trompe pas, car il ne pourra vous
" délivrer de ma main, ne l'écoutez
" pas, mais écoutez ce que dit le Roi
" des Assyriens, faites ce qui vous est
" utile & venez à moi. Chacun de
" vous mangera de sa vigne & de son
" figuier, & boira de l'eau de sa ci-
" terne, jusqu'à ce que je vous trans-
" porte à une terre aussi bonne & aussi
" fertile que la vôtre, abondante en

» vin, en bled, en miel, en olives &
» en toutes fortes de fruits. N'écou-
» tez donc plus Ezéchias qui vous
» trompe. » 4. *Rois*. 18. 27. &c.

Flater le Peuple pour le féparer des
intérêts de fon Roi, c'eft lui faire la
plus cruèle de toutes les guerres, &
ajouter la fédition à fes autres maux.

Que les Peuples déteftent donc les
Rabface & tous ceux qui font fem-
blant de les aimer, lorfqu'ils atta-
quent le Roi. On n'attaque jamais
tant le corps que quand on l'attaque
dans la tête, quoiqu'on paroiffe pour
un tems flatter les autres parties.

A R T. 3 5.

Les Sujets doivent au Prince une entiere   L. 6.
obéiſſance.   Art. 1.
    1. Pro.

Si le Prince n'eft ponctuellement
obéi, l'ordre public eft renverfé & il
n'y a plus d'unité, par conféquent
plus de concours ni de paix dans un
État. C'eft pourquoi nous avons vu
que quiconque défobéit à la puiffance
publique, eft jugé digne de mort.
» Qui fera orgueilleux & refufera

» d'obéir au commandement du Pon-
» tife & à l'ordonnance du Juge, il
» mourra & vous ôterez le mal du
» milieu d'Israël. « *Deut.* 17. 12.

C'est pour empêcher ce désordre
que Dieu a ordonné les puissances, &
nous avons ouï Saint Paul dire en son
nom : » Que toute ame soit soumise
» aux Puissances supérieures, car toute
» Puissance est de Dieu, il n'y en
» a point que Dieu n'ait ordonnée.
» Ainsi qui résiste à la puissance, ré-
» siste à l'ordre de Dieu. » *Rom.* 13. 12.

» Avertissez les donc d'être soumis
» aux Princes & aux Puissances, de
» leur obéir ponctuellement, d'ê-
» tre prêts à toute bonne œuvre. »
Tit. 3. 1.

Dieu a fait les Rois & les Princes,
ses Lieutenans sur la terre, afin de
rendre leur autorité sacrée & inviolable. C'est ce qui fait dire au même
Apôtre : » Qu'ils sont ministres de
» Dieu. » *Rom.* 13. 4. conformément
à ce qui est dit dans le livre de la sagesse : » Que les Princes sont Minis-
» tres de son Royaume. » *Sag.* 6. 5.

De là Saint Paul conclut » qu'on
» doit leur obéir par nécessité, non

» seulement par la crainte de la colere,
» mais encore par l'obligation de la
» conscience. » *Rom.* 13. 5.

Saint Pierre a dit aussi. » Soyez sou-
» mis pour l'amour de Dieu à l'or-
» dre qui est établi parmi les hommes.
» Soyez soumis au Roi comme à ce-
» lui qui a la puissance suprême; &
» aux Gouverneurs comme étant en-
» voyés de lui, parce que c'est la vo-
» lonté de Dieu. » 1. *Pier.* 2. 13. &c.

A cela se rapporte ce que disent ces
deux apôtres : » Que les serviteurs
» doivent obéir à leurs Maîtres, quand
» même ils seroient durs & fâcheux.
» Non à l'œil & pour plaire aux hom-
» mes, mais comme si c'étoit à Dieu. »
1. *Pier.* 2. 1. *Ephe.* 6. 5. *Coloss.* 3. 22.

Tout ce que nous avons vu pour
montrer que la puissance des Rois est
sacrée, confirme la vérité de ce que
nous disons ici; & il n'y a rien de
mieux fondé sur la parole de Dieu
que l'obéissance qui est dûe par principe de Religion & de conscience aux
Puissances légitimes.

Au reste quand Jésus-Christ dit aux
Juifs : » Rendez à César ce qui est dû à
» César: » *Math.* 22. 21. il n'examina pas

comment étoit établie la puissance des Césars; c'est assez qu'il les trouvât établis & régnans. Il vouloit qu'on respectât dans leur autorité l'ordre de Dieu & le fondement du repos public.

ART. 36.

L. 6.
Art. 2.
2. Pro.

Quand on doit obéir préférablement à Dieu.

L'OBÉISSANCE est due à chacun selon son dégré, & il ne faut pas obéir au Gouverneur au préjudice des ordres du Prince.

Au dessus de tous les Empires est l'Empire de Dieu. C'est à vrai dire, le seul Empire absolument souverain dont tous les autres relèvent; c'est de lui que vienent toutes les puissances.

Comme donc on doit obéir au Gouverneur, si dans les ordres qu'il donne, il ne paroît rien de contraire aux ordres du Roi; ainsi doit-on obéir aux ordres du Roi, s'il ne paroît rien de contraire aux ordres de Dieu.

Mais par la même raison, comme on ne doit pas obéir aux ordres du

Gouverneur contre les ordres du Roi, on doit encore moins obéir au Roi contre les ordres de Dieu. C'est alors qu'a lieu feulement cette réponse que les Apôtres font aux magiftrats. ,, Il ,, faut mieux obéir à Dieu plutôt ,, qu'aux hommes. ,, *Act.* 5. 29.

ART. 37.

Le refpeÉt, la Fidelité, & l'obéiffance qu'on doit aux Rois, ne doivent être altérés par aucuns prétextes.

L. 6.
Art. 2.
4. & 5.
Pro.

C'EST-A-DIRE, qu'on doit toujours les refpecter, toujours les fervir quels qu'ils foient, bons ou méchans. ,, Obéiffez à vos Maîtres, non- ,, feulement quand ils font bons & ,, modérés, mais encore quand ils ,, font durs & fâcheux. ,, 1. *Pierre,* 2. 18.

L'Etat eft en péril, & le repos public n'a plus rien de ferme, s'il eft permis de s'élever pour quelque caufe que ce foit contre les Princes.

La fainte onÉtion eft fur eux, & le haut miniftere qu'ils exercent au nom de Dieu, les met à couvert de toute insulte.

Nous avons vu David non seulement refuser d'attenter sur la vie de Saül, mais trembler pour avoir osé lui couper le bord de sa robe, quoique ce fût à bon dessein. » Que j'ose » lever la main contre l'Oint du Sei- » gneur! à Dieu ne plaise. Le cœur » de David fut frappé, parce qu'il » avoit coupé le bord de la cotte-d'ar- » mes de Saül. » 1. *Rois*. 24. 6.

Les paroles de Saint Augustin sur ce passage sont remarquables. » Vous » m'objectez, dit-il à Pétilien Evê- » que Donatiste, que celui qui n'est » pas innocent ne peut avoir la sainte- » té. Je vous demande si Saül n'avoit » pas la sainteté de son sacrement & » de l'onction royale? qui est ce qui » causoit en lui de la vénération à Da- » vid. Car c'est à cause de cette onc- » tion sainte & sacrée, qu'il l'a ho- » noré toute sa vie, & qu'il a vengé » sa mort; & que son cœur trem- » bla quand il coupa la robe de » ce Roi-injuste. Vous voyez donc » que Saül qui n'avoit pas l'innocence, » ne laissoit pas d'avoir la sainteté;

» non

» non la sainteté de la vie, mais la
» sainteté du sacrement divin, qui
» est saint même dans les hommes
» mauvais. » *L.* 2. *Let.* 148. *cont.*
Petil.

Il appelle sacrement l'onction royale,
ou parce qu'avec tous les Pères, il
donne ce nom à toutes les cérémonies
sacrées, ou parce qu'en particulier,
l'onction royale dans l'ancien Peuple,
étoit un signe sacré institué de Dieu
pour les rendre capables de leur charge, & pour figurer l'onction de Jesus-
Christ même.

Mais ce qu'il y a ici de plus im-
portant, c'est que Saint Augustin reconnoît, après l'Ecriture, une sainteté inhérente au caractère royal,
qui ne peut être effacée par aucun
crime.

C'est, dit-il, cette sainteté que David injustement poursuivi à mort par
Saül, David sacré lui-même pour lui
succéder, a respectée dans un Prince
réprouvé de Dieu. Car il savoit que
c'étoit à Dieu seul à faire justice des
Princes, & que c'est aux hommes à
respecter le Prince tant qu'il plaît à
Dieu de le conserver.

G

Le caractère royal est saint & sacré même dans les Princes infidels ; nous avons vu que Cyrus est appellé par Isaïe, l'Oint du Seigneur. *Is.* 45. 1.

Nabuchodonosor étoit impie & orgueilleux jusqu'à vouloir s'égaler à Dieu, & jusqu'à faire mourir ceux qui lui refusoient un culte sacrilége ; néanmoins Daniel lui dit ces mots : » Vous êtes le Roi des Rois, le Dieu » du Ciel vous a donné le Royaume, » la puissance, l'empire & la gloire. » *Baruc.* 1. 11. C'est pourquoi le Peuple de Dieu prioit pour la vie de Nabuchodonosor, de Balthazar & d'Assuérus. 1. *Esd.* 6. 10.

Rien n'a jamais égalé l'impiété de Manassès qui pécha & fit pécher Juda contre Dieu, dont il tâcha d'abolir le culte ; persécutant les fidels serviteurs de Dieu, & fesant regorger Jérusalem de leur sang. Cependant Isaïe & les saints Prophêtes qui le reprenoient de ses crimes, jamais n'ont excité contre lui le moindre tumulte.

Cette doctrine s'est continuée dans la Religion chrétiene.

C'étoit sous Tibère, non-seulement infidel, mais encore méchant, que

notre Seigneur dit aux Juifs : » Ren-
» dez à Céfar ce qui eſt à Cefar. »
Math. 22. 21.

Saint Paul appelle à Cefar & reconnoît ſa puiſſance. *Act* 25. 10. &c.

Il fait prier pour les Empereurs,
quoique l'Empereur qui regnoit du
tems de cette ordonnance, fût Néron,
le plus impie & le plus méchant de
tous les hommes. Il donne pour but à
cette prière la tranquillité publique,
parce qu'elle demande qu'on vive en
paix, même ſous les Princes méchans
& perſécuteurs. *1. Tim.* 2. 1. &c.

Saint Pierre & lui commandent aux
Fidels d'être ſoumis aux Puiſſances.
Nous avons vu leurs paroles.

En conſéquence de cette doctrine
apoſtolique, les premiers Chrétiens
quoique perſécutés pendant trois cents
ans, n'ont jamais cauſé le moindre
mouvement dans l'Empire. Nous avons
appris leurs ſentimens par Tertullien,
& nous les voyons dans toute la ſuite
de l'hiſtoire Eccléſiaſtique. Ils conti-
nuoient à prier pour les Empereurs,
même au milieu des ſupplices aux-
quels ils les condamnoient injuſte-
ment. » Courage, dit Tertullien,

» arrachez, ô bons Juges, arrachez aux
» Chrétiens une ame qui répand des
» vœux pour l'empereur. » *Tertul. Apol.*

ART. 38.

L. 6.
Art. 2.
6. Pro.
Les sujets n'ont à opposer aux Princes
que remontrances respectueuses, sans
mutinerie.

LES Princes doivent écouter les particuliers, à plus forte raison doivent-
ils écouter le Peuple, qui leur porte
avec respect ses justes plaintes par les
voies permises. Pharaon, tout endurci
& tout tyran qu'il étoit, ne laissoit
pas du moins d'écouter les Israélites.
» Il écoutoit Moyse & Aaron. Il reçut
» à son audience les Magistrats du
» Peuple d'Israël, qui vinrent se plain-
» dre à lui avec de grands cris & lui
» disoient : Pourquoi traitez-vous ainsi
» vos serviteurs? » *Exod.* 5. 7. & 15.
Qu'il soit donc permis au Peuple
oppressé de recourir au Prince par ses
Magistrats, & par les voies légitimes;
mais que ce soit toujours avec respect.
Les remontrances pleines d'aigreur

& de murmures, sont un commencement de sédition qui ne doit pas être
souffert. Ainsi les Israélites murmu-
roient contre Moyse, & ne lui ont jamais fait une remontrance tranquille.
Moyse ne cessa jamais de les écouter,
de les adoucir, de prier pour eux, &
donna un mémorable exemple de la
bonté que les Princes doivent à leur
Peuple; mais Dieu, pour établir l'ordre,
fit de grands châtimens de ces séditieux.
Nomb. XI. XIII. XIV. XX. XXI. &c.

Quand je dis que ces remontrances
doivent être respectueuses, j'entens
qu'elles le soient effectivement, &
non pas seulement en apparence,
comme celles de Jéroboam & des dix
Tribus qui dirent à Roboam : » Vo-
» tre père nous a imposé un joug in-
» supportable, diminuez un peu un
» joug si pesant, & nous vous serons
» fidels sujets. » 3. *Rois.* 12. 4-2.
Paralip. 10. 4.

Il y avoit dans ces remontrances
quelque marque extérieure de respect, en ce qu'ils ne demandoient
qu'une petite diminution, & promet-
toient d'être fidels ; mais faire dépen-
ire la fidélité de la grace qu'ils deman-

G iij

doient, c'étoit un commencement de
mutinerie.

On ne voit rien de semblable dans
les remontrances que les Chrétiens
perfécutés fefoient aux Empereurs.
Tout y eſt foumis, tout y eſt modeſte;
la vérité de Dieu y eſt dite avec liberté, mais ces diſcours font ſi éloi-
gnés des termes ſéditieux, qu'encore
aujourdui on ne peut les lire ſans ſe
ſentir porté à l'obéiſſance.

L'Impératrice Juſtine, mère & tu-
trice de Valentinien II, voulut obliger Saint Ambroife à donner une
Egliſe aux Ariens qu'elle protégeoit,
dans la ville de Milan, réſidence de
l'Empereur. Tout le Peuple ſe réunit
à ſon Evèque, & aſſemblé à l'Egliſe il
attendoit l'événement de cette affaire.
Saint Ambroiſe ne ſortit jamais de la
modeſtie d'un ſujet & d'un Evèque.
Il fit ſes remontrances à l'empereur.
» Ne croyez pas, lui diſoit-il, que
» vous ayez pouvoir d'ôter à Dieu ce
» qui eſt à lui. Je ne puis pas vous
» donner l'Egliſe que vous deman-
» dez, mais ſi vous la prenez, je
» ne dois pas réſiſter. » *Ambrof L.* 2.
» *Epit.* 13. Et encore. » Si l'Empereur

» veut avoir les biens de l'Eglise, il
» peut les prendre, personne de nous
» ne s'y oppose: Qu'il nous les ôte s'il
» veut, je ne les donne pas, mais je
» ne les refuse pas. » *Idem de Basil.*
non tradend.

» L'empereur, ajoutoit-il, est dans
» l'Eglise, mais non au-dessus de
» l'Eglise. Un bon Empereur, loin de
» rejeter le secours de l'Eglise, le
» recherche. Nous disons ces choses
» avec respect, mais nous nous sen-
» tons obligés de les exposer avec li-
» berté. » *Ibid.*

Il contenoit le Peuple assemblé tellement dans le respect, qu'il n'écha-
pa jamais une parole insolente. On
prioit, on chantoit les louanges de
Dieu, on attendoit son secours. Voilà
une résistance digne d'un chrétien &
d'un Evêque.

Cependant parce que le Peuple
étoit assemblé avec son Pasteur, on
disoit au Palais que ce saint Pasteur
aspiroit à la tyrannie. Il répondit: » J'ai
» une défense, mais dans les prières
» des pauvres. Ces aveugles & ces boi-
» teux, ces estropiés & ces vieillards
» sont plus fors que les soldats les

» plus courageux. » Voilà les forces
d'un Evêque, voilà son armée.

Il avoit encore d'autres armes, la
patience & les prieres qu'il fesoit à
Dieu. » Puisqu'on appelle cela tyran-
» nie, j'ai des armes, disoit-il, j'ai
» le pouvoir d'offrir mon corps en sa-
» crifice. Nous avons notre tyrannie &
» notre puissance. La puissance d'un
» Evêque est sa foiblesse. Je suis fort
» quand je suis foible, dit Saint Paul. »
Amb. L. 2. Ep. 13.

En attendant la violence dont l'E-
glise étoit menacée, le saint Evêque
étoit à l'Autel, demandant à Dieu
avec larmes, qu'il n'y eût point de
sang répandu, ou du moins qu'il plût
à Dieu de se contenter du sien. » Je
» commençai, dit-il, à pleurer amè-
» rement en offrant le sacrifice, priant
» Dieu de nous aider de telle sorte
» qu'il n'y eût point de sang répandu
» dans la cause de l'Eglise, qu'il n'y
» eût du moins que le mien de versé. »
Ibid.

Dieu écouta des prieres si ardentes :
l'Eglise fut victorieuse, & il n'en coûta
le sang à personne.

Peu de tems après Justine & son fils

presque abandonnés de tout le monde, eurent recours à Saint Ambroise, & ne trouverent de fidélité & de zèle pour leur service, qu'en cet Evêque qui s'étoit opposé à leurs desseins dans la cause de Dieu & de l'Eglise.

Voilà ce que peuvent les remontrances respectueuses, voilà ce que peuvent les prières. Ainsi fesoit la Reine Esther, ayant conçu le dessein de fléchir Assuérus son mari, après qu'il eût résolu de sacrifier tous les Juifs à la vengeance d'Aman. Elle fit dire à Mardochée : » Assemblez tous » les Juifs que vous trouverez à Suze » & priez pour moi. Ne mangez ni ne » buvez pendant trois jours & trois » nuits. Je jeûnerai de même avec » mes femmes, après je m'exposerai » à perdre la vie, & je parlerai au » Roi sans attendre qu'il m'appelle. » *Esth.* 4. 16.

» Quand elle parut devant le Roi, » les yeux étincelans de ce Prince té-» moignerent sa colere ; mais Dieu se » ressouvenant des prieres d'Ester & » de celles des Juifs, changea la fu-» reur du Roi en douceur. » Les Juifs

furent délivrés à la confidération de la
Reine.

Ainfi quand le Prince des Apôtres
fut arrêté prifonier par Hérode :
» toute l'Eglife prioit pour lui fans
» relâche. » Et Dieu envoya fon ange
pour le délivrer. Voilà les armes de
l'Eglife : des vœux & des prieres perfé-
vérantes. *Act.* 12. 5. *&c.*

Saint Paul prifonier pour Jéfus-Chrift
n'a que ce fecours & ces armes. » Pré-
» parez moi un logement, car j'efpère
» que Dieu me donnera à vos prieres »
Ep. ad Philem. En effet il fortit de la
prifon.

Que fi Dieu n'écoute pas les prieres
de fes Fidels, fi pour éprouver & pour
châtier fes enfans, il permet que la
perfécution s'échauffe contre eux, ils
doivent alors fe fouvenir . » Que
» Jéfus - Chift les a envoyés comme
» des brébis au milieu des loups. »
Math. 10. 16.

Voilà une doctrine vraiment fainte,
vraiment digne de Jéfus-Chrift & de
fes difciples.

CHAPITRE VII.

Fermeté convenable aux Rois.

ART. 39.

Ie Peuple doit craindre le Prince, mais le Prince ne doit craindre que de faire mal.

L. 4.
Art. 1.
6. Pro.

La crainte est un frein nécessaire aux hommes, à cause de leur orgueil & de leur indocilité naturelle.

Il faut donc que le Peuple craigne le Prince ; mais si le Prince craint le Peuple , tout est perdu. La molesse d'Aaron à qui Moyse avoit laissé le commandement pendant qu'il étoit sur la montagne , fut cause de l'adoration du veau d'or. » Que vous a » fait ce Peuple , lui dit Moyse , & » pourquoi l'avez vous induit à un si » grand mal? » *Exod.* 32. 21.

Il impute le crime du Peuple à Aaron qui ne l'avoit pas réprimé, quoiqu'il en eût le pouvoir. Remarquez ces termes : " Que vous a fait ce Peuple " pour l'induire à un si grand mal? " C'est être ennemi du Peuple que de ne pas lui résister dans ces occasions. *Exod.* 32. 21.

Aaron lui répondit : " Que mon " Seigneur ne se fâche pas contre moi, " vous savez que ce Peuple est en- " clin au mal. Ils me sont venu dire ; " faites des dieux qui nous préce- " dent, car nous ne savons ce qu'est " devenu Moyse qui nous a tirés de " l'Egypte. " *Exod.* 32. 22.

Quelle excuse à un Magistrat souverain, de craindre de fâcher le Peuple? " Dieu ne la reçoit pas, & irrité " au dernier point contre Aaron, il " voulut l'écraser : mais Moyse pria " pour lui. " *Deut.* 9. 20.

Saül pense s'excuser sur le Peuple de ce qu'il n'a pas exécuté les ordres de Dieu. Vaine excuse que Dieu rejette, car il étoit établi pour résister au Peuple, lorsqu'il se portoit au mal. " Ecoutez, lui dit Samuel, ce " que le Seigneur a prononcé contre

» vous ; vous avez rejeté sa parole ,
» il vous a aussi rejeté , & vous ne
» serez pas Roi. Saül dit à Samuel : j'ai
» péché d'avoir désobéi au Seigneur
» & à vous , en craignant le Peuple &
» cédant à ses discours. » 1. *Rois.* 15.
16. &c.

Le Prince doit repousser avec fermeté les importuns qui lui demandent des choses injustes. La crainte de
fâcher poussée trop avant, dégénère en
une foiblesse criminele.

A R T.   40.

Le Prince doit se faire craindre des
Grands & des Petits.

L. 4.
Art. 1.
7. Pro.

SALOMON dès le commencement de
son regne parle ferme à Adonias son
frère. Aussi-tôt que Salomon eût été
couronné , Adonias lui envoya dire :
» Que le Roi Salomon me jure qu'il ne
» fera point mourir son serviteur. Sa-
» lomon répondit : s'il fait son devoir
» il ne perdra pas un seul cheveu, sinon
» il mourra. » 3. *Rois.* 1. 51.

Dans la suite Adonias cabala pour

se faire Roi, & Salomon le fit mourir.
3. *Rois*. 2. 22. &c.

Il fit dire au grand Prêtre Abiathar
qui avoit suivi le parti d'Adonias :
» Retirez vous à la campagne dans
» votre maison; vous méritez la mort,
» mais je vous pardonne, parce que
» vous avez porté l'Arche du Seigneur
» devant mon père David, & que
» vous l'avez fidelement servi. » *Ibid.*
26.

Sa dignité & ses services lui sauvè-
rent la vie, mais il lui en coûta la
souveraine sacrificature, & il fut bani
de Jérusalem.

Le repos public oblige les Rois à
tenir tout le monde en crainte, & plus
encore les Grands que les particuliers,
parce que c'est du côté des Grands qu'il
peut arriver de plus grands troubles.

CHAPITRE VIII.

Amour des Peuples pour leur Roi.

ART. 41.

Les Princes sont faits pour être   L. 3.
aimés.   Art. 5.
   13. Pro.

» SALOMON s'assit dans le trône du
» Seigneur, il plût à tous & tout le
» monde lui obéit. » 1. *Paral.* 29. 23.

On ne connoît pas ce jeune Prince,
il se montre & gagne les cœurs par la
seule vue. Le trône du Seigneur où il
est assis, fait qu'on l'aime naturelement, & rend l'obéissance agréable.

De cet attrait naturel des Peuples
pour leurs Princes, naquit la mémorable dispute entre ceux de Juda & les
autres Israélites, à qui serviroit mieux
le Roi. Ces derniers vinrent à David
& lui dirent : » Pourquoi nos frères

„ de Juda nous ont-ils dérobé le Roi
„ & l'ont-ils ramené à sa maison ,
„ comme si c'étoit à eux seuls à le ser-
„ vir ? Ceux de Juda répondirent :
„ c'est que le Roi nous est plus proche
„ qu'à vous, & qu'il est de notre Tribu;
„ pourquoi vous fâchez vous ? L'avons
„ nous fait par intérêt ? Nous a-t-on
„ donné des présens ou quelque chose
„ pour subsister ? Ceux d'Israël répon-
„ dirent : Nous sommes dix fois plus
„ que vous , & nous avons plus de part
„ que vous en la personne du Roi :
„ Vous nous avez fait injure de ne
„ nous pas avertir les premiers pour
„ ramener notre Roi. Ceux de Juda
„ répondirent durement à ceux d'Is-
„ raël. „ 2. *Rois*. 19. 41. &c.

Chacun veut avoir le Roi, chacun
passionné pour lui , envie aux autres
la gloire de le posséder. Il en arriveroit
quelque sédition, si le Prince qui en
effet est un bien public, ne se donnoit
également à tous.

Il y a un charme pour les Peuples
dans la vue du Prince, & rien ne lui
est plus aisé que de se faire aimer avec
passion. „ La vie est dans la gaieté du
„ visage du Roi , & sa clémence est
„ comme

» comme la pluie du foir ou de l'ar-
» rière faifon. » *Prov.* 16. 15. La pluie
qui vient alors rafraîchit la terre def-
féchée par l'ardeur ou du jour ou de
l'été, n'eft pas plus agréable qu'un
Prince qui tempère fon autorité par
la douceur; fon vifage ravit tout le
monde quand il eft ferein.

Job explique admirablement ce
charme fecret du Prince. » Ils atten-
» doient mes paroles comme la ro-
» fée, & ils y ouvroient leur bouche
» comme à la pluie du foir. Si je leur
» fouriois, ils avoient peine à le
» croire, & ils ne laiffoient point
» tomber à terre les rayons de mon
» vifage. » *Job.* 29. 23. &c. Après le
grand chaud du jour ou de l'été, c'eft-
à-dire, après le trouble & l'affliction,
fes paroles étoient confolantes; les
Peuples étoient ravis de le voir paffer;
& heureux d'avoir un regard, ils le
recueilloient comme quelque chofe de
précieux.

ART. 42.

Le Prince doit être aimé comme un bien
public.

DE LA ce cri de Vive le Roi, qui a
paſſé du Peuple de Dieu à tous les
Peuples du monde. A l'élection de
Saül, au couronnement de Salomon,
au ſacre de Joas, on entend ce cri de
tout le Peuple. » Vive le Roi, vive
» le Roi, vive le Roi David, vive le
» Roi Salomon. ». 1. *Rois*. 10. 24. 4.
Rois. 11. 12.

Quand on abordoit les Rois on
commençoit par ces vœux. » O Roi,
» vivez à jamais. Dieu conſerve votre
» vie, ô Roi mon Seigneur. » 2.
Eſd. 2. 3.

Le Prophète Baruch commande
pendant la captivité à tout le Peuple, » de prier pour la vie de Na-
» buchodonoſor & pour la vie de ſon
» fils Balthazar. » *Baruch*. 1. 11.

» Tout le Peuple offroit des ſacri-
» fices au Dieu du ciel, & prioit pour
» la vie du Roi & celle de ſes enfans. »
1. *Eſdr*. 6. 10.

Saint Paul nous a commandé de prier pour les puissances, & a mis dans leur conservation celle de la tranquillité publique. 1. *Tim.* 2. 2.

On juroit par la vie du Roi comme par une chose sacrée, & les Chrétiens si religieux à ne point jurer par les créatures, ont révéré ce serment, adorant les ordres de Dieu dans le salut & la vie des Princes.

Le Prince est un bien public que chacun doit être jaloux de se conserver. » Pourquoi nos freres de Juda nous » ont-ils dérobé le Roi, comme si » c'étoit à eux seuls à le garder. » 2. *Rois.* 19. 41. &c. De là ces paroles du Peuple à David : Vous ne combat- » trez pas avec nous, ils vaut mieux » que vous demeuriez dans la Ville » pour nous sauver tous. » 2. *Rois.* 18. 3.

La vie du Prince est regardée comme le salut de tout le Peuple : c'est pourquoi chacun est soigneux de la vie du Prince, comme de la siene & plus que de la siene.

» L'Oint du Seigneur que nous re- » gardions comme le souffle de notre » bouche. » C'est-à-dire, qui nous

H ij.

étoit cher comme l'air que nous res-
pirons. C'est·ainsi que Jérémie parle
du Roi. *Jérem. Lam.* 4. 20.

Les gens de David lui dirent.
» Vous ne viendrez plus avec nous
» à la guerre, pour ne point éteindre
» la lumiere d'Israël. » 2. *Rois.* 21. 17.

Voyez comme on aime le Prince ;
il est la lumiere de tout le royaume.
Q'est-ce qu'on aime davantage que la
lumiere ? Elle fait la joie & le plus
grand bien de l'Univers.

Ainsi un bon sujet aime son Prince
comme le bien public, comme le salut de l'Etat, comme l'air qu'il res-
pire, comme la lumiere de ses yeux,
comme sa vie & plus que sa vie.

ART. 43.

L. 6.
Art. 1.
5. Pro.
*La mort du Prince est une calamité
publique.*

QUAND la lumiere est éteinte, tout
est en ténèbres, tout est en deuil.

C'est toujours un malheur public
lorsqu'un Etat change de main, à
cause de la fermeté d'une autorité

établie, & de la foiblesse d'un regne naissant.

C'est une punition de Dieu pour un Etat lorsqu'il change souvent de Maître. » Les péchés de la terre, » dit le Sage , sont cause que les » Princes sont multipliés : la vie du » conducteur est prolongée afin que » la sagesse & la science abondent. » *Prov.* 28 2.

C'est un malheur à un Etat d'être privé des conseils & de la sagesse d'un Prince expérimenté, & d'être soumis à de nouveaux maîtres qui souvent n'apprenent à être sages qu'aux dépens du Peuple.

Ainsi quand Josias eût été tué dans la bataille de Mageddo , » toute la » Judée & tout Jérusalem le pleu- » rerent , » principalement Jérémie , dont tous les musiciens & musicienes chantent encore à présent les lamentations sur la mort de Josias. 2. *Paralip.* 35. 25.

Art. 44.

L. 6. *Un homme de bien préfere la vie du*
Art. I.
6. Pro. 　　*Prince à la siene.*

Nous l'avons vu : le Peuple va com-
battre, il ne se soucie pas de son
péril, pourvu que le Prince soit en
sûreté.

La maniere dont ont fait la garde
autour du Prince, à la Ville & à la
campagne, le fait voir. Quand David entra de nuit dans la tente de
Saül : » Il fallut passer au travers
» d'Abner & de tout le Peuple qui
» reposoit autour de lui. » David
ayant pris la coupe du Roi & sa pique, pour montrer qu'il avoit été
maître de sa vie, crie de loin à Abner & à tout le Peuple : » Abner,
» êtes vous un homme ? Pourquoi gar-
» dez vous si mal le Roi votre maî-
» tre ? Quelqu'un est entré dans sa
» tente pour le tuer. Vive le Sei-
» gneur, vous méritez tous la mort,
» vous tous qui gardez si mal le Roi,
» votre Maître, l'Oint du Seigneur.

» Regardez où font fa pique & fa cou-
» pe. » 1. *Rois.* 26. 7. &c.

Le Peuple doit garder le Prince,
le Peuple campe autour de lui : Il
faut avoir enfoncé tout le camp avant
qu'on puiffe venir au Prince. On doit
veiller afin que le Prince repofe en
fûreté : Qui néglige de le garder eft
digne de mort.

Quand le Roi étoit à la Ville, le
Peuple & les Grands mêmes cou-
choient à fa porte. Urie (quoiqu'il
fût homme de commandement) cou-
choit à la porte du Palais royal, avec
les autres ferviteurs du Roi fon Maître. 2. *Rois.* 11. 9.

Durant la rébellion d'Abfalon ,
Ethaï Gethéen marchoit devant lui à
la tête de fix cens hommes de Geth,
tous braves foldats. C'étoient des troupes étrangeres dont David vouloit
éprouver la fidélité, & il dit à Ethaï:
» Pourquoi venir avec nous? Retour-
» nez & attachez vous au nouveau
» Roi. Vous êtes étrangers, & vous
» êtes forti de votre pays, vous arri-
» vâtes hier & dès aujourdui vous mar-
» cherez avec nous? Pour moi j'irai
» où je dois aller ; mais, vous, allez

» remenez vos freres, & le Seigneur
» récompenfera la fidélité & la recon-
» noiffance que vous m'avez témoi-
» gnées. Ethaï répondit au Roi : Vive
» le Seigneur & vive le Roi mon
» maître, en quelque lieu que vous
» foyez, ô Roi mon Seigneur, j'y
» ferai avec vous, & je ne vous qui-
» terai ni à la vie ni à la mort. David
» lui dit : Venez. » 2. *Rois.* 15. 19.
&c.

A la réponfe qu'il lui fit, il le connut
pour un homme qui favoit ce que c'étoit
que de fervir le Roi.

ART. 45.

L. 6.   *On doit le tribut au Prince.*
Art. 2.
3. Pro.

Si on doit expofer fa vie pour fa
Patrie & pour fon Prince, à plus
forte raifon doit-on donner une partie
de fon bien pour foutenir les charges
publiques, & c'eft ce qu'on appelle ici
le tribut.

Saint Jean-Baptifte l'enfeigne. » Les
» Publicains (c'étoient eux qui le-
» voient les impôts & les revenus pu-
» blics) vinrent à lui pour être
                                batifés,

» baptifés, & lui demandoient : Maî-
» tre, que ferons nous pour être fau-
» vés ? » Il ne leur dit pas : Quittez
vos emplois, car ils font mauvais &
contre la confcience; mais il leur dit :
» N'exigez pas plus qu'il ne vous eft
» ordonné. » *Luc.* 3. 12. *&c.*

Notre Seigneur le décide. Les Pha-
rifiens croyoient que le tribut qu'on
payoit par tête à Céfar dans la Judée,
ne lui étoit pas dû. Ils fe fondoient
fur un prétexte de Religion, difant
que le Peuple de Dieu ne devoit pas
payer de tribut au Prince infidel. Ils
voulurent voir ce que diroit notre
Seigneur fur ce fujet; parce que s'il
parloit pour Céfar, ce leur étoit
un moyen de le décrier parmi le Peuple; & s'il parloit contre Céfar, ils
le déféreroient aux Romains. Ainfi ils
lui envoyerent leurs difciples qui lui
demanderent : » Eft-il permis de payer
» le tribut qu'on exige par tête pour
» Céfar? Jéfus connoiffant leur ma-
» lice, leur dit : Hypocrites, pourquoi
» tâchez vous de me furprendre ?
» Montrez moi une piece de mo-
» noie. Ils lui donnerent un denier.
» Jéfus leur dit de qui eft cette image

I

» & cette inscription ? De César, lui
» dirent-ils. Alors il leur dit : rendez
» à César ce qui est à César, & à
» Dieu ce qui est à Dieu. » *Math.*
22. 17. &c.

Comme s'il eût dit : Ne vous servez plus du prétexte de la Religion
pour ne point payer le tribut. Dieu a
ses droits séparés de ceux du Prince.
Vous obéissez à César, la monoie dont
vous vous servez dans votre com-
merce, c'est César qui l'a fait batre :
s'il est votre souverain, reconnoissez sa
souveraineté en lui payant le tribut
qu'il impose.

Ainsi les tributs qu'on paye au
Prince sont une reconnoissance de
l'autorité suprême, & on ne les peut
refuser sans rébellion.

Saint Paul l'enseigne expressément.
» Le Prince est ministre de Dieu, ven-
» geur des mauvaises actions. Soyez
» lui donc soumis par nécessité ; non-
» seulement par la crainte de la colere
» du Prince, mais encore par l'obli-
» gation de votre conscience. C'est
» pourquoi vous lui payez le tribut ;
» car ils sont Ministres de Dieu, ser-
» vans pour cela. Rendez donc à cha-

» cun ce que vous lui devez; le tribut
» à qui est dû le tribut, la taille à qui
» elle est dûe, la crainte à qui elle est
» dûe, l'honeur à qui est dû l'honeur. »
Rom. 13. 4. &c.

On voit par ces paroles de l'Apôtre,
qu'on doit payer le tribut au Prince religieusement & en conscience, comme
on lui doit rendre l'honeur & la sujé-
tion qui sont dûs à son ministere.

La raison fait voir que tout l'État
doit contribuer aux nécessités publiques, auxquelles le Prince doit pour-
voir.

Sans cela il ne peut ni soutenir, ni
défendre les particuliers, ni l'Etat
même. Le Royaume sera en proie, les
particuliers périront dans la ruine de
l'Etat. De sorte qu'à vrai dire, le tribut n'est autre chose qu'une partie de
son bien qu'on paye au Prince, pour lui
donner le moyen de sauver tout.

La Religion n'entre point dans les
manieres d'établir les impôts publics
que chaque Nation connoît; la seule
regle divine & inviolable parmi tous
les Peuples du monde, est de ne
point accabler les Peuples, de me-
surer les impôts sur les besoins de

L. 10.
Art. 1.
9. Pro.

I ij

l'Etat & sur les charges publiques.

ART. 46.

Dépenses nécessaires à un Prince.

ON peut ranger parmi les dépenses
de nécessité, toutes celles qu'il faut
pour la guerre, comme la fortification
des places, les arsenaux, les magasins
& les munitions.

Les dépenses de magnificence & de
dignité ne sont pas moins nécessaires
à leurs manieres, pour le soutien de la
Majesté aux yeux des peuples & des
étrangers. Ce seroit une chose infinie
de raconter les magnificences de Salomon. Les grands ouvages de Josaphat,
d'Osias, d'Ezéchias, & des autres
grands Rois de Juda. Les villes, les
aquéducs, les bains publics & les autres choses qu'ils firent sont marquées
avec soin dans l'Ecriture. Elle n'oublie pas les meubles précieux qui paroient leurs Palais, & ceux qu'ils y
fesoient garder; non plus que les ca-
binets de parfums; les vaisseaux d'or &
d'argent, tous les ouvrages exquis,
& les curiosités qu'on y ramassoit.

Dieu défendoit l'oftentation que la
vanité infpire , & la folle enflure du
cœur enivré de fes richeffes ; mais
il vouloit cependant que la Cour des
Rois fût éclatante & magnifique , pour
imprimer au Peuple un certain refpect.

Encore aujourdui au facre des Rois,
l'Eglife fait cette priere. ,, Puiffe la di
,, gnité glorieufe & la majefté du Pa-
,, lais, faire éclater aux yeux de tous,
,, la grande fplendeur de la puiffance
,, royale, enforte que la lumiere fem-
,, blable à celle d'un éclair , en rayone
,, de tous côtés. ,, *Cérémonial françois.*
p. 19. 35. 61.

Toutes paroles choifies pour expri-
mer la magnificence d'une Cour royale
qui eft demandée à Dieu comme un
foutien de la royauté.

CHAPITRE IX.

Conseil des Rois.

ART. 47.

L. 10.
Art. 4.
6. Pro.

Caractere d'un homme d'Etat.

» LE conseil est dans le cœur de
» l'homme comme une eau profonde,
» l'homme sage l'épuisera.» *Prov.* 10. 5.

On ne le découvre point, tant ses
conduites sont profondes, mais il
sonde le cœur des autres, & on diroit
qu'il devine, tant ses conjectures sont
sûres.

» Il ne parle qu'à propos, car il
» sait le tems & la réponse. » *Eccl.* 8.
5. Isaïe l'appelle Architecte. Il fait des
plans pour long-tems, il les suit, il
ne bâtit pas au hasard. *Is.* 3. 3.

L'égalité de sa conduite est une marque de sa sagesse, & le fait regarder
comme un homme assuré dans toutes

ſes démarches. ,, L'homme de bien
,, dans ſa ſageſſe demeure comme le ſo-
,, leil, le fou change comme la lune. ,,
Eccli. 27. 12.

Le vrai ſage ne change point, on
ne le trouve jamais en défaut : ni hu-
meur, ni prévention ne l'altere.

ART. 48.

On voit auprès des anciens Rois un
Conſeil de Religion.

L. 10.
Art. 4.
9. 110.

S'IL falloit parler ici du miniſtere
prophétique, nous avons vu auprès
de Saül, Samüel l'interprête des volon-
tés de Dieu. Nathan qui reprit David
de ſon péché, entroit dans les plus
grandes affaires de l'Etat.

Mais outre cela nous connoiſſons
un miniſtère plus ordinaire, puiſqu'Ira
eſt nommé, ,, le Prêtre de David. Za-
,, bud étoit celui de Salomon, & il eſt
,, appellé l'ami du Roi. ,, Marque certaine que le Prince l'appelloit à ſon
Conſeil le plus intime, & ſans doute
principalement en ce qui regardoit la
Religion & la conſcience. 2. *Rois.*
20. 26- 3. *Rois.* 4. 5.

On peut rapporter en cet endroit le conseil du Sage. Ayez toujours avec » vous un homme saint dont l'ame re- » viene à la vôtre, & qui voyant vos » chûtes (secrettes) dans les ténébres, » les pleure avec vous, & vous aide » à vous redresser. » *Eccli.* 37. 15. & 16.

CHAPITRE X.

Union des Rois de France avec le Saint Siége.

ART. 49.

L. 7. Art. 5. 11.Pro. *Le Sacerdoce & l'empire sont deux puissances indépendantes, mais unies.*

LE Sacerdoce dans le spirituel, & l'Empire dans le temporel, ne relèvent que de Dieu. Mais l'ordre Ecclésiastique reconnoît l'Empire dans le temporel, comme les Rois dans le spiri-

tuel se reconnoissent humbles enfans de l'Eglise. Tout l'état du monde roule sur ces deux Puissances : c'est pourquoi elles se doivent l'une à l'autre un secours mutuel. » Zorobabel (qui re-
» présentoit la puissance temporele)
» sera revêtu de gloire, il sera assis &
» dominant sur le trône : & le Pontife
» ou le Sacrificateur sera sur le sien ;
» & il y aura un conseil de paix (c'est-
» à-dire, un parfait concours) entre
» ces deux. » *Zach.* 6. 13.

ART. 50.

Les Rois de Fance ont une obligation particuliere à aimer l'Eglise, & à s'a-tacher au Saint Siége.

L. 6.
Art. 1.
3. Pro.

» La sainte Eglise Romaine, la
» mère, la nourice & la Maîtresse de
» toutes les Eglises, doit être consul-
» tée dans tous les doutes qui regar-
» dent la foi & les mœurs, principa-
» lement par ceux qui comme nous,
» ont été engendrés en Jésus-Christ
» par son ministère, & nouris par elle
» du lait de la doctrine catholique. »

Ce font les paroles d'Hincmar célebre Archevêque de Reims.

Il est vrai qu'une partie de ce Royaume, comme l'Eglife de Lyon & les voisines, ont reçu la foi d'une mission qui leur venoit d'Orient, & par le ministère de Saint Polycarpe, disciple de l'Apôtre Saint Jean. Mais comme l'Eglife est une par tout l'Univers, cette mission orientale n'a pas été moins favorable à l'autorité du Saint Siége que celle qui en est venue directement. Ce qui paroît par la doctrine de Saint Irénée Evêque de Lyon, qui dès le second fiecle a célébré fi hautement la nécessité de s'unir à l'Eglife Romaine, ,, comme à la ,, principale Eglife de l'Univers, fon-,, dée par les deux principaux Apô-,, tres, Saint Pierre & Saint Paul. ,, *Iren. L. 3.*

L'Eglife Gallicane a été fondée par le fang d'une infinité de Martyrs. Je ne veux ici nomer qu'un Saint Juftin, un faint Irenée, les Saints Martyrs de Lyon & de Vienne, & Saint Denis avec fes faints Compagnons.

L'Eglife Gallicane a porté des Evêques des plus doctes, des plus faints,

des plus célebres qui ayent jamais été,
& je ne ferai mention que de Saint Hi-
laire & de Saint Martin.

Quand le tems fut arrivé que l'Empire Romain devoit tomber en Occident, Dieu qui livra aux Barbares
une si belle partie de cet Empire, &
celle où étoit Rome devenue le Chef
de la Religion, il destina à la France
des Rois qui devoient être les défenseurs de l'Eglise. Pour les convertir à
la foi avec toute la belliqueuse Nation des Francs, il suscita un Saint
Remy, homme Apostolique, par lequel
il renouvella tous les miracles qu'on
avoit vu éclater dans la fondation des
plus célebres Eglises : comme le remarque Saint Remy lui-même dans
son testament. *Ap. Flod. Li.* 1. *C.* 28.

Ce grand Saint & ce nouveau Samüel appellé pour sacrer les Rois, sacra
ceux de France en la personne de Clovis, comme il dit lui-même, » pour
» être les perpétuels défenseurs de
» l'Eglise & des pauvres, » qui est le
plus digne objet de la Royauté. Il les
bénit & leurs successeurs qu'il appelle
toujours ses enfans; & prioit Dieu
nuit & jour qu'ils persévérassent dans

la foi. Prière exaucée de Dieu avec une
prérogative bien particuliere, puisque
la France est le seul Royaume de la
Chrétienté qui n'a jamais vu sur le
trône que des Rois enfans de l'Eglise.

Tous les Saints qui étoient alors,
furent réjouis du batême de Clovis,
& dans le déclin de l'Empire Romain, ils crurent voir dans les Rois
de France, » une nouvelle lumière
» pour tout l'Occident & pour toute
» l'Eglise. »

Le Pape Anastase II crut aussi voir
dans le Royaume de France nouvelle-
ment converti, » une colone de fer
» que Dieu élevoit pour le soutien de
» sa sainte Eglise, pendant que la cha-
» rité se réfroidissoit par tout ailleurs,
» & même que les Empereurs avoient
» abandoné la foi. » *Anast. II. Epist.* 2.
ad Clod.

Pelage II se promet des descendans
de Clovis, comme des voisins charitables de l'Italie & de Rome, la même protection pour le saint Siége,
qu'il avoit reçue des Empereurs. Saint
Grégoire le Grand enchérit sur ses
saints Prédécesseurs, lorsque touché
de la foi & du zèle de ces Rois,

» il les met autant au-deffus des au-
» tres Souverains, que les Souverains
» font au-deffus des particuliers. »
Greg. Mag. L. 5. Fpif. 6.

Les enfans de Clovis n'ayant pas
marché dans les voies que Saint Remy
leur avoit prefcrites, Dieu fufcita une
autre race pour régner en France. Les
Papes & toute l'Eglife la bénirent en la
perfonne de Pepin qui en fut le Chef.
L'Empire y fut établi en la perfonne
de Charlemagne & de fes fucceffeurs.
Aucune Famille royale n'a jamais été
fi bienfaifante envers l'Eglife Romaine.
Elle en tient toute fa grandeur temporele, & jamais l'Empire ne fut
mieux uni avec le Sacerdoce, ni plus
refpectueux envers les Papes, que
lorfqu'il fut entre les mains des Rois
de France.

Après ces bienheureux jours, Ro-
me eut des maîtres fâcheux, & les
Papes eurent tout à craindre tant des
Empereurs que d'un peuple féditieux.
Mais ils trouvérent toujours en nos
Rois des charitables voifins que le
Pape Pelage II avoit efpérés. La
France plus favorable à leur puiffance
facrée que l'Italie & que Rome

même, leur devint comme un second Siége où ils tenoient leurs Conciles, & d'où ils fefoient entendre leurs oracles à toute l'Eglife, comme il paroît par les Conciles de Troyes, de Clermont, de Touloufe, de Tours & de Reims.

Une troifieme race étoit montée fur le trône. Race s'il fe peut plus pieufe que les deux autres, fous laquelle la France eft déclarée par les Papes : » un Royaume chéri & béni » de Dieu, dont l'exaltation eft infé- » parable de celle du faint Siége. » *Greg.* ix. *Tom.* 11. *Conc. Gen.*

Race auffi qui fe voit feule dans l'Univers, toujours couronnée & toujours regnante depuis près de huit cents ans, fans interruption ; & ce qui lui eft encore plus glorieux, toujours Catholique : Dieu par fon infinie miféricorde, n'ayant pas permis qu'un Prince qui étoit monté fur le trône dans l'héréfie, y perfévérât.

Puifqu'il paroît par cet abrégé de notre hiftoire, que la plus grande gloire des Rois de France, leur vient de leur foi, & de la protection conftante qu'ils ont donnée à l'Eglife, ils ne laisseront pas affoiblir cette gloire, & la Race régnante la fera passer à la postérité jusqu'à la fin des siecles.

Elle a produit Saint Louis, le plus saint Roi qu'on ait vu parmi les Chrétiens. Tout ce qui reste aujourdui de Princes de France, est sorti de lui. Et comme Jésus-Christ disoit au Juifs : » Si vous êtes enfans d'Abraham, fai- » tes les œuvres d'Abraham : » *Jean*, 8. 39. Il ne me reste qu'à dire à nos Princes : Si vous êtes enfans de Saint Louis, faites les œuvres de Saint Louis.

FIN.

TABLE

DES MATIÈRES:

CHAPITRE PREMIER.

Toute Puissance vient de Dieu.

CHAPITRE

CHAPITRE II.

Avantage de l'autorité pour les Peuples.

CHAPITRE III.

Avantage de l'autorité monarchique.

CHAPITRE IV.

Caractères essentiels de la dignité royale

K.

CHAPITRE V.

Justice des Rois.

CHAPITRE VI.

Fidélité, obéissance dûes aux Rois.

CHAPITRE VII.

Fermeté convenable aux Rois.

K ij

CHAPITRE VIII.

Amour des Peuples pour leurs Rois.

CHAPITRE IX.

Conseil des Rois.

CHAPITRE X.

Union des Rois de France avec le Saint Siége.

Fin de la Table.

APPROBATION.

Du censeur royal en Février 1771.

J'AI lu par ordre de Monseigneur le Chancelier un Manuscrit ayant pour titre ; *Principes sur la Fidélité dûe aux Rois, extraits de M. Bossuet Evêque de Meaux dans sa Politique tirée de l'Ecriture Sainte ; &* j'ai vu avec plaisir, que l'Auteur avoit puisé dans des sources trop négligées aujourd'hui, les véritables principes qui font la sûreté & la force des Etats. A Paris ce 18 Février 1771.

Signé, MOREAU.

AUTRE APPROBATION.
En Octobre 1775.

J'AI lu par ordre de Monseigneur le garde des sceaux un imprimé qui a pour titre, *Principes de la Fidélité dûe aux Rois* ; l'ouvrage du grand Bossuet d'où les principes ont été tirés, en garantit la bonté & la solidité. A Paris le 10 Octobre 1775.

Signé, RIBALLIER.

PRIVILEGE DU ROI.

LOUIS, par la grace de Dieu, Roi de France & de Navarre : A nos amés & féaux Conseillers, les Gens tenans nos Cours de Parlement, Maîtres des Requêtes ordinaires de notre Hôtel, Grand-Conseil, Prevôt de Paris, Baillifs, Sénéchaux, leurs Lieutenans Civils & autres nos Justiciers qu'il appartiendra, SALUT. Notre amé le sieur de VILLIERS, Nous a fait exposer qu'il désireroit faire imprimer & donner au public ; *Principes sur la Fidélité due aux Rois : Vie de Louis IX, Dauphin de France*, s'il nous plaisoit lui accorder nos Lettres de permission pour

ce nécessaires. A CES CAUSES, voulant favorable-
ment traiter l'Exposant, Nous lui avons permis &
permettons par ces Présentes, de faire imprimer
ledit Ouvrage autant de fois que bon lui semblera,
& de le faire vendre & débiter par tout notre Royaume, pendant le tems de trois années consécutives,
à compter du jour de la date des Présentes : Faisons
défenses à tous Imprimeurs, Libraires & autres personnes, de quelque qualité & condition qu'elles
soient, d'en introduire d'impression étrangere dans
aucun lieu de notre obéissance ; à la charge que ces
Présentes seront enrégistrées tout au long sur le
Registre de la Communauté des Imprimeurs & Libraires de Paris, dans trois mois de la date d'icelles ;
que l'impression dudit Ouvrage sera faite dans notre
Royaume & non ailleurs, en bon papier & beaux
caractères ; que l'impétrant se conformera en tout
aux Réglemens de la Librairie, & notamment à celui
du dix Avril mil sept cent vingt-cinq, à peine de
déchéance de la présente Permission ; qu'avant de
l'exposer en vente, le Manuscrit qui aura servi de
copie à l'impression dudit Ouvrage, sera remis dans
le même état où l'approbation y aura été donnée, ès
mains de notre tres-cher & féal Chevalier, Garde
des Sceaux de France, le Sieur HUE DE MIROMENIL,
qu'il en sera ensuite remis deux Exemplaires dans
notre Bibliothéque publique, un dans celle de notre
Château du Louvre, un dans celle de notre tres-
cher & féal Chevalier, Chancelier de France, le
Sieur DE MAUPEOU, & un dans celle dudit Sieur
HUE DE MIROMENIL, le tout à peine de nullité
des Présentes. DU CONTENU DESQUELLES vous
mandons & enjoignons de faire jouir ledit Exposant
& ses ayans causes, pleinement & paisiblement, sans
souffrir qu'il leur soit fait aucun trouble ou em-
pêchement. Voulons qu'à la copie des Présentes,
qui sera imprimée tout au long, au commencement
ou à la fin dudit Ouvrage, foi soit ajoûtée comme
à l'Original. Commandons au premier notre Huissier
ou Sergent sur ce requis, de faire, pour l'exécution
d'icelles, tous actes requis & nécessaires, sans de-
mander autre permission, & nonobstant clameur de
haro, chartre Normande & lettres à ce contraires :

CAR tel est notre plaisir. DONNÉ à Paris le vingt-
neuvieme jour du mois de Novembre, l'an mil sept
cent soixante - quinze & de notre regne le deuxieme.
Par le Roi en son Conseil. LE BEGUE.

*Registré sur le registre XX de la Chambre Royale &
Syndicale des Libraires & Imprimeurs de Paris, N°*
446, fol. 58, conformément au Réglement de 1723.
A Paris ce 5 Décembre 1775. LAMBERT, Adjoint.

www.ingramcontent.com/pod-product-compliance
Lightning Source LLC
Chambersburg PA
CBHW052214270326
41931CB00011B/2348